KB126167

ET 할아버지와 두밀리 자연학교

ET 할아버지와 두밀리 자연학교

채규철 지음(고진 다듬음)

소나무

ET할아버지와 두밀리 자연학교

차례

책머리에

ET할아버지와 자연학교

자연학교의 아이들과 사람들

자연학교에서 만나는 자연의 친구들

그 사람을 그대는 가졌는가?

만리길 나서는 날
처자를 내맡기며
맘 놓고 갈 만한 사람
그 사람을 그대는 가졌는가.

온 세상 다 나를 버려
마음이 외로울 때에도
"저만이야" 하고 믿어지는
그 사람을 그대는 가졌는가.

탔던 배 꺼지는 시간
구명대 서로 사양하며
"너만은 제발 살아다오" 할
그 사람을 그대는 가졌는가.

불의의 사형장에서
"다 죽어도 너희 세상 빛을 위해

저만은 살려두거라" 일러줄
그 사람을 그대는 가졌는가.

잊지 못할 이 세상을 떠나려 할 때
"저 하나 있으니" 하며
빙긋이 웃고 눈을 감을
그 사람을 그대는 가졌는가.

온 세상의 찬성보다도
"아니" 하고 가만히 머리 흔들
그 한 얼굴 생각에
알뜰한 유혹을 물리치게 되는
그 사람을 그대는 가졌는가.

올해 나는 환갑을 맞는다. 존경하는 함석헌 선생님이 남기신 이
시(그 사람을 가졌는가)는 나의 애송시이자 나의 좌우명이기도 하
다. 나이가 들수록 선생의 시는 외마디 비명이 되어 나의 마음을
후려친다.
"과연 그 사람을 나는 가졌는가?"

이렇게 자신에게 물어볼 적마다 그리운 얼굴들이 눈앞을 스쳐간
다. 죽음의 불구덩이에서 자신을 바쳐 나를 구해낸 첫번째 아내 조
성례. 그리고 절망의 구렁텅이에서 신음하는 장애인 홀아비와 두

아이를 위해 꽃다운 청춘을 오롯이 바친 두번째 아내 유정희. 도깨비 아빠를 오히려 자랑스럽게 생각하며 씩씩하게 자라준 두 아들과 딸. 한국의 모세가 되라고 언제나 나를 격려해 주시던 부모님. 그리고 생명의 은인이신 고 장기려 박사님과 모든 선후배, 친지, 동지들.

마지막으로 떠오르는 모습들이 있다. 나의 자연학교 꼬마 친구들의 또렷한 눈망울, 그리고 이 땅의 모든 어린이들의 눈빛이다. 그 얼굴들을 새기며 나는 스스로 묻는다.

"이 어린이들을 나의 그대로 모실 자격을 그대는 가졌는가?"

초등학교 선생님들은 나를 보고 채박사님이라고 부른다. 신문사나 방송국 기자들은 나를 교장선생님이라고 한다. 그런데 두밀리 자연학교에 오는 꼬마 친구들은 나를 보고 ET 할아버지라고 부른다. 그 가운데 ET 할아버지가 제일 맘에 든다. 왜냐하면 나는 사실 박사도 아니고 교장도 아니기 때문이다. 나는 대학에서 박사학위를 받은 적도 없고, 문교부로부터 교장 임명장을 받은 적도 없다.

그렇기도 하지만 꼬마들이

"ET 할아버지, 이 꽃이름이 뭐예요?"

"ET 할아버지, 이 벌레는 뭐 먹고 살아요?"

"ET 할아버지, 물고기는 언제 잠을 자요?"

"ET 할아버지, 같이 오디 따먹으러 가요."

이렇게 내 갈퀴손을 잡아 끌며 내 흉한 뺨에 뽀뽀를 해줄 때, 나는 진짜 살맛을 느낀다.

이것이 내가 십 년 넘게 무허가 구멍가게 학교를 운영하는 진정한 이유다. 이런 것도 모르고 일부 철없는 내 친구들은 자연학교 때문에 아둥바둥하는 나와 아내의 처지가 안쓰러운 모양이다. 적지 않은 돈 써가며 꼬마들한테 시달리는 일은 이제 그만두고 편히 쉬라고 한다. 그럴 때 내가 속으로 하는 대답이 있다.

"요놈들아, 너희는 그 맛을 모를 거다!"

사실 자연학교 십 년은 내 인생의 황금기라 하겠다. 나는 처음에 이 땅의 아이들에게 뭔가를 심어 주어야겠다는 생각으로 이 학교를 열었다. 하지만, 그것은 나의 교만에 불과하다는 것이 곧 드러났다. 아이들에게 하나를 가르치면 그들은 나에게 열 가지 가르침을 주었고, 아이들에게 열을 주면 그들은 내게 백을 주었다. 그제서야 나는 아이들만이 천국에 다다를 수 있다는 예수의 말씀을 마음으로 받아들이게 되었다.

한 가지 안타까운 것은 이 엄청나게 남는 장사를 탐하는 어른들이 별로 없다는 사실이다. 그것은 대통령에서 평범한 가장에 이르기까지 이 땅의 어른들 대부분이 범하고 있는 잘못이다. 어른들은 엉뚱한 것에 정신이 팔려 진정 가치 있는 일이 무엇인지를 잊고 있는 것이다. 자연과 어린이가 만나면 무슨 일이 일어나는지를 그들은 애써 외면하려 하고 있는 것이다.

그런 분들에게 자연학교에 한번 와 보기를 권한다.

자연이 저 멀리서 부르면 아이들의 입에서 어떤 탄성이 터지는지를 한번 들어보기 바란다.

자연과 어린이가 만나 서로 포옹하고 애무하는 장면이 얼마나 아름다운지 직접 와서 보기 바란다.

자연과 어린이가 함께 놀 때, 그 놀이가 어떤 컴퓨터 게임보다 재미있다는 것을 직접 와서 확인하기 바란다.

이 지구상에서 유일하게 자연과 어린이만이 서로를 살리고 서로를 키울 수 있다는 것을 직접 와서 배우기 바란다.

어린이가 없는 자연은 쓸쓸한 불모의 공간에 불과하고, 자연을 빼앗긴 어린이는 덩치만 키우는 괴물에 불과하다는 것을 이제는 제발 깨닫기 바란다.

직접 와서 보되 몇 가지 주의 사항이 있다.

자연과 어린이 사이에 섣불리 개입하려 들면 안된다.

너무 서둘러 가르치려 들어도 안된다.

너무 많이 보호하려 들어도 안된다.

가장 중요한 것은 자연은 결코 소비의 대상이 되어서는 안된다는 것이다. 적어도 자연에 올 때만큼은 이미 본능화된 소비 욕구일망정 도시의 한구석에 두고 오는 것이 현명한 처사일 것이다. 그랬을 때만이 자연은 마음의 문을 열기 때문이다.

만약 당신이 아이에게까지 자연은 소비의 대상이고 자연은 또 하나의 이익을 남기기 위한 개발의 대상일 뿐이라고 가르친다면 당신은 아이에게 자연의 축복이 아니라 자연의 재앙을 물려주게 되는 것이다.

만일 당신이 약간의 열린 마음과 약간의 끈기를 갖고 관찰한다면, 자연과 어린이 사이에 피어나는 우리들의 미래를 보게 될 것이

다. 자연과 인간이 서로 돕고 서로를 행복하게 하는 그런 꿈을 꾸
게 될 것이다. 그런 미래에서만이 인간은 인간의 적이 아니라 동지
가 될 수 있을 것이다.

　나는 이 책이 금수강산 삼천리에 수많은 자연학교가 열리는 데
작은 밑거름이 되었으면 하는 바람뿐이다. 그러나 길은 더욱 멀어
지고 또 나날이 험해지고 있지만 이 땅의 아이들에게 자연을 되찾
아주기 위해 애써 온 우리들은 알고 있다. 결코 포기할 수 없는 일
이라는 것을….
　우리는 그 사람을 가지고 있기 때문이다!

　　　　　　　　　　　　1997년 7월 두밀리에서 채규철

ET 할아버지와 자연학교

두밀리의 똥통학교

"드디어 우수 조에 들어 자연학교에 가게 되었다.
왠지 처음부터 떨리는 마음뿐이었다.
TV에 나온다고 하니 더욱 더 즐거웠다.
친구들과 선생님과 함께 자연학교로 떠났다.
저절로 덩실덩실 춤을 출 정도였다.
바깥 풍경이 정말로 보기 좋았다. 시골이라서 그런지
공기도 좋았고 주위에 있는 풍경들이
한폭의 그림 같았다."(1996년, 김종라 어린이)

두밀리 자연학교에 오는 아이들의 거의 80%가 기차를 처음 타
봤다고 한다. 처음인 것이 어찌 기차뿐이랴. 부모 품을 떠나는 것
도 흔치 않은 일이지만 친구들끼리 자연 속에서 밤을 지새운다니
얼마나 멋진 일인가!
교과서에서만 배우던 가재, 무당개구리, 반딧불, 도라지 꽃도 직

15

접 보고 만질 수 있다니 마음은 풍선마냥 자꾸 부풀어 오른다. 마음 한쪽 구석으로 뱀이 많다는데, 살모사에 물리면 어쩌나 하는 걱정이 스며드는 것도 어쩔 수 없지만 일단은 모든 것에서 벗어난다는 해방감이 먼저다.

청량리 역에 옹기종기 모여 서로 얼굴을 쳐다본다. 교실에서 매일 만나던 얼굴들이지만 발갛게 상기된 표정이 전혀 새로운 느낌이다. 서로를 바라보는 눈빛에는 긍지가 가득하다. 지난 한달간 자연학교에 가는 우수 모둠으로 뽑히기 위해 똘똘 뭉쳐 얼마나 열심히 했던가. 자랑스런 친구들이 아닐 수 없다. 이제 이 친구들과 기다리고 기다리던 자연학교로 가는 것이다. 어떤 어려움이 있더라도 친구들과 함께라면 헤쳐 나갈 수 있다는 믿음이 아이들 마음 깊숙한 곳에서 절로 우러나온다. 더구나 옆에는 듬직한 선생님이 계시지 않은가.

기차표 끊어 경춘선 타고 가평으로 향한다. 기차 타는 것도 신기하고 기차 안에서 친구들과 잡담하고 노래 부르며 게임하는 것도 재미있다. 비좁은 아빠의 차를 타고 엄마의 잔소리를 들으며 가야하는 가족 여행보다 친구들과 함께 하는 기차 여행이 훨씬 신난다. 대성리를 지나 청평을 거치면서 나타나는 시원한 북한강 줄기는 더욱 가슴을 설레게 한다. 경치에 반하고 장난에 정신 팔린 사이 한시간 반이 후딱 지나면 벌써 가평역이다. 영화에선가 본 듯한 시골역을 벗어나 두밀리행 완행 버스에 오른다. 덜컹거리는 시골 버스는 꼭 말타기 놀이를 하는 기분이다. 버스에서 내려 두밀천을 따라 오르는 아이들의 발걸음엔 땅의 기운이 스며올라 힘찬 발걸음을 재촉한다.

드디어 두밀리 자연학교 도착. 입구에는 푸른 숲 할아버지와 맑은 물 할머니 장승이 환한 웃음을 머금고 아이들을 맞이한다.

아이들이 자연학교에 도착하면 간단한 입교식이 있다. 그런데 학교에서 하던 행사와는 전혀 딴판이다. 구령도 없고 줄 맞추라는 선생님의 닥달도 없다. 제 편한 대로 서 있자니 친구들과 잡담이 그칠 새 없다.

그리고 나는 아이들에게 별로 아름답지 않은 얼굴을 들이밀며 앞으로 나선다.

"여기는 무슨 학교지?"

"두밀리 자연학교요!"

"자연학교는 뭐하는 곳이지."

"신나게 노는 학교요!"

"그럼 여기에 쓰레기 버리고 가면 무슨 학교지?"

"쓰레기 학교요!"

"그럼 아무데나 똥누고 가면 무슨 학교지?"

"똥통학교요!"

이윽고 아이들의 웃음이 터져 나온다.

똥통학교! 자연학교의 별명은 두밀리 똥통학교다. 그리고 나는 똥통학교의 교장이다. 나는 문교부 장관으로부터 한번도 임명장을 받은 바가 없지만 이 똥통학교의 교장 직책이 너무 자랑스럽다. 내가 똥통학교라는 이름을 사랑하는 데는 나름대로의 사연이 있다.

37년 전 불타는 이상을 가슴에 품은 청년 채규철은 충남 홍성의 한 똥통학교에서 사회 생활의 첫발을 내디뎠던 것이다. 그 학교는 전교생이라야 60명에 불과했고 교사는 나를 포함해 단지 6명인 아주 작은 학교였다. 이 학교의 이름은 풀무학원(지금은 풀무농업기술고등학교)이었다.

풀무학원에 관한 본격적인 이야기는 다음으로 미루기로 하고 우선 이름에 얽힌 사연만 얘기하자. 당시 홍성 사람들은 풀무학원이라는 좋은 이름을 놔두고 이 학교를 으레 똥통학교라고 부르곤 했다. 그 학교는 조국의 부흥은 농업의 갱생에서 비롯한다는 굳은 신념으로 매주 농업, 축산, 가사 실습을 전교생에게 집중 실시하였다. 따라서 이 학교의 가장 중요한 일과 중의 하나는 거름 만드는 것이었다. 그 일은 주로 주말에 이루어졌다. 학생, 선생님 모두 지게지고 똥 푸는 것이 하나의 교과 과목이 되어버렸다.

지금이나 그때나 우리나라 제도 교육은 출세 교육이 대부분이다. 그런 사람들 눈에 주말마다 똥지게를 지고 다니는 학교는 틀림없는 똥통학교로 보였을 것이다.

똥통학교라 불려진 이유가 이 거름 작업 때문만은 아니었다. 읍내의 중고등학교에 진학 못하는 돈 없고 가난한 아이들의 학교라는 뜻이기도 했다. 어찌 보면 당시 풀무 학생들로서는 참으로 견디기 힘든 비아냥이었다.

그러나 똥통학교에 다닌다고 괄시받고 또래들한테 무시당하던 아이들이 꿋꿋하게 자라 우리 사회의 건전한 양심으로 자리잡고 있는 것이 나는 그렇게 자랑스러울 수 없다. 나는 지금도 그 학교 야말로 우리나라 최고의 일류 학교라 자신하고 있다. 왜냐하면 똥을 괄시하지 않고 똥통을 경멸하지 않는 교육이야말로 진정한 교육이라고 믿기 때문이다.

두밀리 똥통학교에 얽힌 재미있는 에피소드도 있다. 쌍문동에서 치과 병원장으로 계시면서 이곳 자연학교에 단골 손님으로 오시던 한 의사 선생님이 계셨다. 한번은 중학교 2학년인 아들을 데리고 온 적이 있었다. 에어컨은 없지만 시원한 바람컨은 일년 내내 가동 중이고, 맑은 시냇물에 서늘한 공기, 초승달, 쏟아지는 별, 소쩍새 우는 소리, 반짝반짝 반딧불, 이 모든 것들이 상당히 신기했던 모양이다. 그런데 그 다음해 여름 방학 때 그 분의 아들이 친구 네 명과 함께 자연학교에 캠프하러 오겠다며 텐트 하나 예약해 달라는 전화가 걸려왔다. 하루 사용료 일인당 4천원씩, 2박 3일에 8천원이면 된다고 하니 좋다고 했다.

이들은 오면서 캠프 비용으로 아버지한테 몇 만원, 어머니한테 몇 천원, 그리고 할머니한테 또 얼마 받아가지고 보무도 당당히 도착했다.

"텐트 예약한 학생인데요."

꾸부정한 어깨에 잔뜩 힘을 준 것이 왠지 자신감이 넘쳐 보였다. 약속한대로 산속에 있는 버팔로 텐트 하나를 그 아이들에게 빌려 주었다.

그런데 무슨 일인지 이 아이들은 2박 3일 동안 밥먹고 설거지하는 시간 이외에는 통 밖에 나오질 않았다. 멀리서 지켜보기만 해야 하는 내가 더 답답할 지경이었다. 이 아이들은 자연학교의 아름다운 자연의 혜택에 대해선 도통 관심이 없는 것 같았다. 그렇다면 도대체 이 놈들은 무얼 하고 있단 말인가?

당시 총무일을 보던 이군이 하도 아이들이 텐트에서 나오질 않아 뭘 하는가 궁금해 가 보았다. 아니, 그런데 이놈들이 정신 없이 포커판을 벌이고 있는 게 아닌가. 그 소릴 들었을 때 나는 너무 어이가 없었다. 이 신성한(?) 자연학교에서 어린 놈들이 도박판을 벌여! 부모에겐 캠프간다고 거짓말한 것이 분명하렷다! 생각하면 당장 요놈들을 요절을 내버리고도 싶었다. 그러나 어디까지나 자연학교의 정신은 '자유'이므로 일단 그 놈들의 사생활을 간섭하지 않기로 했다. 그리고 나는 요놈들을 어떻게 골탕을 먹일까 궁리하기 시작했다.

마침내 2박 3일이 지나고 떠날 시간이 되었다. 한 아이가 어설픈 미소를 지우며 총무를 찾아왔다.

"지금 저희에겐 텐트 사용료 낼 돈 8천원이 없는데 외상으로 해 주시면 제가 서울 돌아가서 틀림 없이 보내드릴 테니 그렇게 좀 해 주세요."

하며 사정을 늘어 놓는 것이 아닌가.

우리 마음씨 좋은 총무가 나에게 상의하러 왔다.

"선생님 어쩌죠?"

"여기 자연학교에선 외상은 안됩니다. 그러니 돈이 없으면 일을 하고 가라고 하세요. 무슨 일이 좋을까? 풀을 깎든지 아니면 화장

실을 푸든지…… 그래 화장실 똥을 푸라고 하는 게 좋을 것 같군요."

아버지, 어머니, 할머니한테서 보조받은 수만원의 돈을 2박 3일 동안 포커를 하면서 다 잃은 것이다. 한 놈이 다 땄는데 사용료 8천원도 꾸어주지 않고 자기 혼자 가버렸단다. 아무튼 대단한 아이들이다.

집에는 가야겠고, 돈은 떨어지고 외상은 안되고 하는 수없이 놈들은 화장실 똥을 푸기 시작했다. 칠팔월 삼복 더위에 땀은 비오듯이 나지, 억울하고 창피하고 원망스럽지 하니까 눈에서 눈물이 쏟아질 수밖에. 눈물 닦으랴, 땀 닦으랴, 콧물 닦으랴 거기에다 여기 저기 튀는 똥물 닦으랴 이 놈들 꼴은 말이 아니었다.

나는 일체 못 본 척하고 딴 일만 했다.

더 재미나고 황당한 일이 놈들을 기다리고 있었다. 아이들이 연락도 없자 걱정이 되어 어머니와 할머니가 예고도 없이 나타나신 거다.

아니 이게 웬일인가, 그 귀엽고 소중히 키운 아이가 다 찌그러진 쇠통에 똥을 퍼다가 낑낑거리며 나르고 있지 않은가? 무슨 놈의 캠프가 똥푸는 캠픈가 했을 것이다.

조용히 어머니, 할머니를 불러서 자초지종을 말씀드렸더니 그 할머니의 대답이 걸작이다.

"저놈들, 부잣집 애들인데 평생 언제 똥 퍼보겠어요. 아마 영원히 잊지 못할겁니다. 교장 선생님! 너무 잘하셨습니다!"

　이제 자연학교에서는 풀베고 화장실 푸는 것은 자연스런 일이 되었다. 아직은 솜털밖에 없는 자연학교의 개구쟁이들도 이제 나도 화장실을 풀 수 있다며 자랑하곤 한다. 물론 처음 온 여자 아이들 가운데는 재래식 화장실에 가는 것조차 겁이나 2박 3일 동안 큰 볼일을 참고 집으로 가는 끈기가 대단한 아이들도 있다. 아마 요새 콘크리트 아파트에서 자라는 아이들은 푸세식 화장실을 볼 기회가 없기 때문일 것이다. 그러나 대부분의 아이들은 코를 쥐어 막으면서도 금방 적응한다.

　이런 아이들에게 나는 양동춘 농부의 똥타령을 들려준다. 양동춘씨는 광주에서 자연농법으로만 농사를 짓는 진짜 알짜배기 농사꾼이다. 그의 말에 따르면 자신이 지구를 구원할 엄청난 진리를 발견했는데, 알고 보니 너무나 단순한 것이더란다. 그 진리란 '똥'을 잘 섬기면 모든 문제가 잘 풀린다는 것이다. 자신의 경험으로 볼 때, 자연이란 돌고 도는 것인데 지금 잘난체하는 현대인들이 돌고 도는 자연의 고리를 싹둑 잘라 놓았기 때문에 이 지구가 난리법석이란다.

　사람이 밥을 먹고 영양분을 섭취하고 몸 밖으로 버리는 것이 똥이다. 그런데 사람똥이 누렁이에게는 기막히게 맛있는 밥이 되는 것이다. 또 개똥은 밭에 심은 콩의 밥이 되고, 또 콩은 메주를 삭히는 발효균의 밥이 된다. 그 발효균이 먹고 버린 똥이 사람에게는 구수한 된장이 되어 식탁에 오른다는 것이다. 이 얼마나 단순 명쾌한 진리인가.

　우리 옛말에 사람이 자기 똥을 삼년 안에 먹지 않으면 죽는다는 말이 있다. 수천년 동안을 한정된 생태계에서 살아야 했던 우리 조상들은 자연의 순환 질서가 무너질 때, 인간은 살아 남을 수 없다는 것을 본능적으로 깨닫고 있었던 것이다. 그러나 요즘 도시의 삶은 어떤가. 자기 똥을 삼년 안에 먹기는커녕, 자기 똥색깔이 어떤지 삼년에 한번이라도 보는 사람이 얼마나 될까?

그런데 현대인들이 만든 수세식 화장실이란 도대체 무엇인가? 땅을 살리고 곡식을 풍성하게 하기는커녕, 강물을 똥물로 만들고 그 똥물을 처리하기 위해 다시 엄청난 돈을 들이는 악순환의 연속이란다.

양선생의 결론은 간단하다. 땅과 물의 순환의 고리를 자르는 망국적인 수세식 화장실을 없애야 한다는 것이다. 원시적인 칙간으로 돌아가 자연의 순환을 막지 말아야 한다는 것이다.

더구나 배변의 생리적인 구조로 볼 때, 가장 이상적인 품세는 '토끼뜀' 자세라고 한다. 이런 자세로 똥을 누면 치질, 장염, 간질환 등 소화기 계통의 질병을 예방·치료할 수 있다는 것이다. 또 옛날 재래식 화장실을 썼던 아이들은 병에 대한 면역력이 요새 아이들보다 강하다고 한다. 엄마 아버지와 어른들이 싼 똥의 독 기운을 쐬면서 아이들이 똥을 싸다 보면 자연스레 면역력이 생긴다는 것이다. 나를 살리고, 나라를 살리고, 지구를 살리는 길이 바로 여기에 있다는 것이다.

이런 양선생의 똥타령을 아이들에게 들려주면 처음엔 깔깔거리던 아이들도 매우 진지한 자세로 고개를 끄덕인다. 그리고 자신이 감수한 작은 불편함이 지구를 살리는 큰 힘이 된다는 생각에 스스로가 대견스러워진다는 표정이다. 이렇게 몇번 자연학교에 드나들다 보면 똥냄새가 구수해진다는 녀석들도 나오게 마련이다.

이런 똥타령에 덧붙여 똥을 잘 섬기기 위해선 무엇보다 먹는 것을 바르게 해야 한다는 얘기를 아이들에게 강조한다. 특히 인스턴트 식품이나 대량 생산되는 과자나 빵은 되도록 피해야 한다. 바다를 건너올 때부터 방부제가 흠뻑 들어간 밀가루를 써서 만든 이런 식품들을 먹고 싼 똥은 거름으로도 못 쓰니 말이다.

왜냐! 똥이 썩지 않으니 어떻게 거름으로 쓰겠는가.

밥을 챙기는 것만큼 똥을 해결하는 것도 중요한 일이다. 지저분하다고 해서 똥을 안 보이는 곳에 영원히 돌아오지 못하도록 버릴 수는 없는 일이다. 결국 똥은 우리에게 돌아오게 되어 있다. 문제는 그것이 신성한 밥으로 돌아오게 만드느냐, 아니면 더러운 오염물로 돌아오게 하느냐에 있다.

똥이 밥이 되도록 하는 게 똥의 철학이요 자연을 지키는 인간의 임무다. 수세식 좌변기에서는 그것을 도저히 배울 수가 없다. 똥이 밥이 되게끔 거름으로 만드는 푸세식 화장실만이 똥의 철학을 배우는 살아 있는 현장인 것이다. 이 아이들의 가슴에 자연학교는 똥의 철학이 살아 숨쉬는 똥통학교로 기억되길 바랄 뿐이다.

나의 자연학교 시절

아이들이 좋아하는 노래 가운데 동물농장이라는 게 있다. 가사가 다 기억나지는 않지만 "닭장 속에는 암탉이— 꼬꼬댁 꼬꼬, 외양간에는 송아지—음매애 음매. 마루밑에는 고양이—냐아옹 냐옹" 하는 노래다.

이 노래를 들을 때마다 나는 고향 함흥에서 보낸 어린 시절을 절로 떠올리게 된다. 내 고향은 함흥 시내에서 십리 정도 떨어진 곳에 있는 경흥리라는 곳이다. 경흥리 우리 집에는 일곱 가지 똥냄새가 떠나질 않았다. 그 일곱 가지 냄새를 만드는 장본인들은 사람, 개, 젖소, 거위, 닭, 돼지, 오리로 요즘 어린이들은 상상하기 어렵겠지만, 나름대로의 독특한 향기를 가진 이 일곱 가지 똥 냄새가 바람의 지휘에 따라 이리저리 서로를 섞으며 멋진 냄새의 교향악을 연출하였다.

더욱 가관은 냄새만이 아니라 하루 종일 온 집안을 휘젓고 다니며 뒤흔드는 소리들이었다. 수탉이 우렁찬 목소리로 새벽을 알리

26

면서 소리의 북새통은 시작된다. 돼지는 배고프다고 꿀꿀거리지, 젖소는 밤새 불은 젖 짜달라고 음매음매 울지, 개는 닭 쫓느라고 컹컹거리지, 거위는 낯선 사람 지나간다고 쫓아가며 카악카악 울지, 오리는 떼지어 몰려다니며 꽥꽥거리지— 온통 소리의 난장판을 벌이는 것이다.

게다가 함경도 사투리는 오죽 억세고 투박한가.

"이 간나으 쌔끼덜 그만 좀 울어싸지비."

이런 곳에서 나는 태어나고 자랐다. 내가 육십이 넘도록 도시의 소음에 적응 못하고 솔바람 소리를 들어야 마음이 진정되는 이유도, 육체파 미녀의 향수 냄새보다는 구수한 된장 냄새에 허기가 발동하는 이유도 바로 어릴 때부터 내 몸에 밴 이런 것들과 무관하지 않으리라.

나에게 이런 자연학교를 선사해 주신 분은 물론 나의 아버지 채종묵(蔡鍾默)과 어머니 김죽순(金竹筍)이다. 두 분은 매우 독실한 기독교인으로 내가 태어날 때 전도사이던 아버지는 나중에 목사가 되셨다. 두 분 모두 신학대학을 졸업한 당시로서는 보기 드문 인텔리 부부였다. 그러나 두 분은 도시 생활을 포기하고 농촌으로 내려와 선교와 교육을 자신들의 사명으로 삼았다. 말하자면 두 분은 젊음을 바쳐 자신들이 옳다고 믿는 것을 실현하려는 이상주의자 부부였던 것이다. 두 분이 만난 것도 함흥의 영생고등학교와 영생여고의 농촌 봉사 활동 모임인 LG(Love Group) 클럽에서였다고 한다. 두 이상주의자는 첫눈에 서로에게 빠졌고 몇 년 후 그 사랑의 결실로 나를 이 세상에 내보내게 되었던 것이다. 1937년 10월 10일의 일이다.

독자들도 벌써 짐작이 가겠지만, 이런 이상주의자의 피를 곱배기로 받은 채규철의 인생이 어찌 평탄할 수 있었겠는가. 그러나 나는 내 인생의 시련에 대해 한번도 불평해 본 적이 없다. 이 점은 특히 어머님을 많이 닮은 것 같다.(물론 어머님이 들으면 야단치실 일이다. 어머니 눈에 나는 아직도 우유부단한 회의주의자일 뿐이다.)

어머님은 좀처럼 만나보기 힘든 강철 같은 의지와 백프로 신념의 소유자다. 눈꼽만큼의 회의도 어머님은 인정치 않으셨다. 어머님의 완고하리만치 강인한 의지는 이 채규철을 조선의 모세로 만들겠다는 확고한 결심으로 발전한다. 어머니는 매일 아침 새벽 기도에 나가 당신의 아들이 이 땅의 모세가 되길 빌었다.(내가 대학을 졸업할 때까지 이 기도는 계속되었다고 한다. 어머니의 기도가 거기서 끝났기에 나는 내가 바라던 똥통학교 교장이 될 수 있었는지도 모른다.)

어쨌든 부모님의 기대가 지나쳤다는 것만 빼면, 이때가 내 인생의 호시절이었다. 일제의 극심한 수탈로부터 해방의 감격과 혼란으로 이어지던 격변의 시기였지만, 천둥벌거숭이 개구쟁이의 제일 관심사는 친구들과 어떻게 하면 더 재미있게 노느냐 하는 것이었다.

시골에서 유년 시절을 보낸 분들은 기억 나리라. 열한두 살짜리 대장에서부터 대여섯 살짜리 코흘리개 깍두기에 이르기까지 한마을 삼사십 명의 아이들이 산과 들을 헤적거리고 다니면서 온갖 놀이와 말썽을 저지르던 시절을. 그 시절 산과 들과 강은 사시사철 아이들에게 놀이와 먹거리를 제공하는 만능 학교였다.

얼음 풀린 웅덩이에서 물 퍼내고, 진흙 바닥에 숨어 있는 미꾸라지 잡아 집에서 훔쳐온 고추장 풀어 끓여 먹던 추어탕의 맛.

꽃 피는 계절에는 진달래, 개나리, 철쭉, 아까시(아카시아는 외래어로 우리 말로는 '아! 까시'라고 해서 '아까시'나무라고 한다.), 어름새기가 지천으로 핀 산에 올라가 벌이던 아이들의 꽃잔치.

우리들의 허기를 달래주던 머루, 다래, 어름, 돌배, 칡, 오디, 개평풍, 산딸기, 까마중.

용기와 담력을 시험하던 땅벌집 건드리고 도망가기.

가재 잡아 구어 먹고 물방개 잡아 경주시키기.

개구리 뒷다리가 맛있는지 메뚜기 구운 것이 맛있는지 논쟁하기.

눈오는 날 산토끼 몰이하기.

오소리 굴에 불때기.

아래 윗동네 편싸움해서 재수없는 놈 대가리 깨뜨리기.

대보름날 쥐불놀이로 초가 지붕 태워먹기.

동구 밖 여자아이들 보는 앞에서 말좆박기.

으지자지 제기차기.

수박 서리 가서 주인 골리려고 속파먹기.

대가리 박치기 해서 어느 머리가 돌인지 증명하기.

빙판에서 썰매 타고 눈 위에서 나무 스키 타기.

마음을 하늘에 띄우는 연날리기.

동전 걸고 엿치기.

외나무 다리에 서서 오줌 멀리싸기. 등등등.

민족을 구원할 장래의 모세가 이렇게 노는 것만 밝히니 어머니가 어찌 보고만 있을 수 있었겠는가. 숙제 안했다고 회초리, 학교 빼먹고 낚시 갔다고 매, 참외 서리하다 걸렸다고 몽둥이, 책보 제대로 안 싸간다고 벌(내 책가방은 한번 싸면 일주일이고 열흘이고 그대로다.), 하루도 그냥 넘어가는 날이 없을 정도였다.

참 맞기도 많이 맞았다. 그런데 지금도 신기한 것은 이 매의 처벌 효과가 삼분도 안간다는 것이다. 어디선가,

"규철아, 나오재비. 어서 놀재비"

하고 친구들이 부르는 소리만 들리면 총알 같이 튀어나가 놀이에 휩쓸리는 것이다. 이렇게 시간 가는 줄 모르고 놀다 보면, 어느덧 하늘엔 노을이 물들고 한적한 시골 마을엔 저녁 연기가 여기저기 피어오른다. 밥상을 차린 어머니들은 개구쟁이들을 기다리다 못해 대문가에 서서 목청을 높인다.

"개똥아, 밥묵재비. 호박 찌개 맛있지비."

"오마니, 쬐께 더 놀고 가자비."

참으로 잊을 수 없는 고향의 소리가 아닐 수 없다. 그러나 나의 행복했던 유년 시절은 전쟁과 더불어 끝나고 만다. 한국 전쟁이 발발하고 얼마 안가 중공군이 참전하게 되자, 기독교 집안인 우리 가족은 미군을 따라 남쪽으로 피난길에 나설 수밖에 없었다. 이른바

흥남 철수 작전이다.

그러나 할아버지와 할머니는 끝내 함께 떠나지 못했다. 두 분은 과수원과 목장, 그리고 수많은 동물 식구들을 버리고 갈 수는 없다고 버티셨다.

"오마니, 아바이. 석 달 안에 꼭 돌아오지비."

할아버지, 할머니를 설득하다 못한 아버지는 곧 돌아올 수 있으리라 믿고 이렇게 약속드렸다. 그러나 그것이 이승에서의 영원한 이별이었다.(결국 아버님은 이 약속을 지키지 못한 것을 한탄하시면서 1992년 운명하셨다.)

흥남 철수에서 아버님은 큰 활약을 하셨다. 기독교인을 비롯한 약 3만 명을 월남시켜 그들의 생명을 구한 것이다. 중공군에 밀리던 미군은 함흥과 흥남을 연결하는 연대교를 폭파해 중공군의 진격과 오열의 침투를 막으려 했다. 그러나 이 다리의 파괴로 기독교인을 비롯한 많은 사람들의 피난길도 막혀 버리고 말았다. 유일한 연결로는 철교였는데 이는 미군의 통제가 심해 아무나 넘을 수 없었다. 이런 급박한 상황에서 기독교인들을 사지에 남겨둘 수 없다고 판단하신 아버님은 이들을 피난시킬 방도를 찾아 백방으로 뛰셨다. 마침 함흥에서 선교사로 활동하던 미국인이 미 10군단의 군목으로 있었다. 이 분의 협조로 마지막 피난 열차를 함흥으로 보낼 수 있게 되었다. 이 열차로 아버님이 함흥에 들어갔을 때, 기독교인들은 함흥 교회에 모여 마지막 예배를 드리고 있었다 한다. 교회 밖으로는 중공군의 진격을 막기 위한 미군의 함포 사격이 치열했다. 이 열차 가득히(지붕에도 수많은 사람이 탔다고 한다.) 피난민이 무사히 홍남 부두로 빠져 나올 수 있었다. 이 피난민 가운데는 우리 아동 문학의 토대를 세운 강소천 선생도 있었다.

우리는 미 수송선을 타고 눈 내리는 홍남부두를 떠났다. 난생 처음 뼛속까지 파고드는 바닷바람을 헤치고 망망 대해를 건너자니 이제 갓 중학생 교복을 입은 나의 소견에도 지금부터는 고생의 연속이겠구나 하는 예감을 지울 수 없었다.

미군은 우리를 거제도의 지세포라는 곳에 떨어뜨렸다. 생면부지의 타향에서 우리 가족의 팍팍한 피난살이가 시작됐다. 간신히 입에 풀칠하며 목숨을 부지하기 위한 투쟁으로 점철된 하루하루가 지나갔다. 그래도 사람은 배워야 한다는 부모님의 신념에 따라 나는 지세포중학교에 다니게 되었다.

아무리 피난살이지만 노는 재미가 빠질 수는 없는 법. 거제도 바닷가는 고향에서는 맛보지 못한 색다른 놀이를 내게 제공했다.

"규철아, 니 개발할 주 아나?"

새로 사귄 거제도 친구들은 바다라는 무궁무진한 놀이터에서 노는 법을 가르쳐 주었다. 개발이란 바다 속에 들어가 창으로 도미, 방어, 우럭을 잡거나 조개, 해삼, 멍게, 굴, 전복을 따먹으며 노는 것인데 이게 해보니 너무 재미있었다. 늦바람에 날 가는 줄 모른다더니 바다 재미에 푹 빠진 나는 틈만 나면 바닷가로 줄달음질을 쳤다. 여기서 나는 수준급의 수영, 다이빙, 잠수 실력을 익히게 되었다. 또 평소 그렇게 포근하던 바다가 한번 화나면 얼마나 무섭게 변하는지도 알게 되었다.

지세포에서 중학교를 마친 나는 서울 대광고등학교로 유학을 가

32

게 되었다. 말이 유학이지 스스로 학비를 벌어야 하는 힘든 고학 생활의 시작이었다. 그래도 서울 가서 열심히 공부해 훌륭한 사람 이 되겠다는 생각에 우쭐한 기분이 들었다.

고등학교 시절은 남이 하는 일이라면 안해 본 일이 없을 정도로 고된 생활이었지만, 당시는 나라 전체가 가난할 때였고 나 같은 고 학생도 주변에 흔한 상황이어서 그랬는지 며칠을 굶은 적도 있었 지만 못 견디겠다는 생각은 들지 않았다. 오히려 그 시련을 통해 나도 아버지, 어머니처럼 못 사는 우리 농촌을 위해 뭔가를 해야겠 다는 의지를 다질 수 있었다.

졸업을 앞둔 나는 서울시립농대에 원서를 냈다. 거기서 내 길을 찾을 생각이었다.

우리 민족의 앞날이 더욱 어두워져 가던 1958년의 일이다.

어린이 농부학교

비노바 바베옹의 『교육에 관한 생각』이라는 책이 있다. 그는 간디의 제자로 평생을 교육에 헌신한 사람이다. 그 책에 "가르치는 일밖에"(Only Teaching)라는 글이 있다. 비노바 바베옹이 간디 아슈람에 있을 때, 그 곳 학교에서 어린이들을 가르칠 선생님을 모집했다.

한 선생님이 찾아와 아슈람에서 아이들을 가르치고 싶다고 했다.

면접을 맡은 바베옹이 질문을 했다.

"선생님 전공이 뭡니까?"

"농업입니다."

"그래요? 그러면 밭을 갈 줄 알겠군요."

"아니요, 갈지는 못해도 가르칠 수는 있습니다."

"모 심는 건 하실 수 있겠지요?"

"아니요, 심지는 못해도 심는 걸 가르칠 수는 있습니다."

"그럼 여기 있는 토마토로 주스 만드는 건 할 수 있겠지요."

"아니요, 주스를 만들지는 못해도 주스 만드는 법을 가르칠 수는 있습니다."

그러자 바베옹은 큰 소리로 나무랐다.

"그러면 도대체 선생님이 할 수 있는 게 뭐요?"

"가르치는 일밖에요…."

서울의 어느 초등학교에서 있었던 일이다.

아이들을 사랑하는 한 교사가 아이들에게 벼 농사를 직접 체험케 하고 싶었다. 반 아이들을 모두 이끌고 시골로 내려갈 수는 없는 일이고, 궁리 끝에 교실 한구석에 상자곽으로 작은 논을 만들기로 했다. 5학년 교과서에 나오는 대로, 운동장에서 아이들과 함께 흙을 퍼다 담고 거름으로 낙엽 썩은 것을 섞고 물을 주고 하여 그럴싸하게 꼬마 논을 만들었다. 다음날 교사는 쌀집에서 백미를 한 홉 사다가 교과서에 나오는 대로 물에 담갔다가 불린 다음 논에 뿌렸다.

이제 며칠만 있으면 싹이 틀테고 벼가 자라는 모습을 아이들이 직접 보게 될 것이다. 이게 산 교육이 아니고 무엇이랴! 교사는 마음이 뿌듯했다. 아이들도 궁금했다. 쌀에서 싹이 튼다니 신기하기 그지 없었다.

하루, 이틀, 사흘 교과서에서 싹이 튼다는 날짜가 지났는데도 논에선 아무 기별이 없었다. 아이들의 눈에 실망 어린 표정이 완연했다. 교사는 당황하기 시작했다. 분명 교과서에서 하라는 대로 했는데 무엇이 잘못됐는지 알 수가 없었다.

　교사는 포기하지 않았다. 이번엔 보리밭을 꾸며 보기로 했다. 나무상자에 흙을 채워 놓고 보리쌀을 사다가 뿌렸다. 이번엔 꼭 싹이 나와야 할텐데 하면서 학수고대했다. 그러나 결과는 마찬가지. 교사는 쥐구멍이라도 있으면 숨고 싶은 심정이 되고 말았다.

　유감스럽게도 이 거짓말 같은 이야기는 내가 직접 들은 사실이다. 아이들을 가르치기에 앞서 교사들부터 가르쳐야 한다는 것이 이 땅의 엄연한 교육 현실인 것이다.

　어린이 자연학교가 어린이 농부학교가 되어야 하는 이유가 여기에 있다. 아이들도 배우고 선생님들도 함께 배운다. 꽉 막힌 교실에서가 아니라, 가짜 상자곽 논 밭이 아니라, 그래서 종자와 먹을 곡식을 구별 못하는 것이 아니라 진짜 땅에서 진짜 농부 선생님을 통해 직접 체험케 함으로써 생명의 진실을 배울 수 있다.

　두밀리의 어린이 농부학교는 4월 중순부터 시작된다.

　두밀천을 따라 오르는 불기산 한쪽 자락에는 연초록의 풀과 잡목과 낙엽송 새싹들이 융단처럼 돋아날 때면 천연의 농토에서 먹거리들이 자라난다. 냇가 건너 둑에는 팽이 나물과 씀바귀 달래들이 지천으로 깔리기 시작한다. 학교 뒷편의 음침한 처녀골에는 두릅과 취나물, 다래순들이 돋아나 있다. 이들을 따다가 무쳐 먹고 데쳐 먹고 쑥국을 끓여 돼지 고기와 쌈 싸먹는 맛이란 그 어떤 산해진미도 부럽지 않다.

　자연학교 농장장인 나의 아내는 해마다 이때만 되면 동네 할머니들과 서로 치열한 눈치 작전을 벌인다. 아무리 기술(?)이 좋다 해도 두릅싹이 돋아나는 타이밍을 제대로 못 맞추면 매번 허탕이다. 두릅 따는 동네 할머니들 역시 그 사실을 모를 리 없다. 서로의 눈을 피해 새벽같이 산에 올라가 자기만이 알고 있는 두릅밭에 가서 누가 볼세라, 누가 올세라 비밀작전 하듯이 살짝 따오곤 한다. 아내가 전매 특허를 가지고 있는 더덕 캐기도 마찬가지다.

그런데 이보다 더하게 십 년 동안 극비로 내려오고 있는 것이 있다. 바로 능이버섯이다. 이 능이버섯 보물섬(!)은 한 이불을 덮고 자는 사람끼리도 극비 사항이다. 능이버섯 따러 갈 때에는 그 누구도 함께 갈 수 없다. 항상 혼자만의 걸음이다.

이렇게 두밀리에는 특별히 농사 짓지 않아도 자연이 알아서 갖다주는 또 다른 풍성한 계절 봄이 제일 먼저 찾아온다. 이런 계절에 자연학교의 봄 학기가 5월 첫 주부터 시작된다.

우선, 겨울 내내 쉬었던 밭을 갈아 토마토, 오이, 참외 모종을 심고 작년에 인분을 넣었던 구덩이에 호박씨를 심는다. 그리고 그 다음 주에 가지 모종과 고추 모종, 옥수수 씨앗을 심는다. 떠들썩한 아이들의 소리가 산 한 자락을 차지하는 것도 바로 이때부터다.

어린이들과 선생님들은 자기 반 밭에서 신나게 모종을 심는다. 과연 여기서 뭐가 나올까 반신반의하면서도 흙도 만지고 땅을 밟고 물을 주느라 시끌법석이다. 그렇게 심고 나면 둘째 주까지는 시들시들 제구실도 못할 것처럼 보이지만 벌써 셋째 주만 되면 어느새 토마토와 오이에서는 노란 꽃들이 피어나기 시작한다.

그 다음 한달 후에 와서 보면 이미 방울 토마토가 조롱 조롱 매

달려 있다. 오이 모종에는 갓난 아기 손가락만한 실오이가 예쁘게 달려 있다.

어느덧 처녀골 바람에 실려 초여름이 시작되고 아이들은 이때부터 마냥 신기해 한다.

여름, 자연학교의 삼총사는 옥수수와 수박, 그리고 고구마다. 그 중 아이들이 가장 신기해 하는 것은 옥수수다. 스스로 서투르게 심은 씨앗이 한달이 지나 와 보면 어느덧 훌쩍 커져 있다. 또 두 달 후에는 이미 자기 키보다 더 커져서 밭이 온통 정글을 이룬다. 아이들은,

"저것들이 우리가 심은 거란 말예요?"

하며 연신 감탄이다.

그 아이들 입이 다물어지기도 전에 옥수수대 옆구리에선 암꽃수술이 나오고 꼭대기에는 수꽃이 피어나 꽃가루 받이를 시작한다. 아이들은 이 암꽃과 수꽃을 처음 보고 처음 듣는다. 꽃에도 암수가 있냐며 갸웃거리는 것이 무슨 동화 속으로 들어온 듯 신기한 모양이다.

수박은 모종을 심어 놓고 일곱 마디째부터 암꽃순이 나와 열흘 정도 지나면 탁구공만한 새끼 수박이 우거진 이파리 밑에 숨어 있다. 고놈의 조그만 몸통에 그려진 앙증맞은 무늬가 그렇게 귀여워 보일 수 없는 때이다. 그리고 한달만 지나면 이미 수박은 야구공보다 커진다. 모종한 후 석 달이 지나면 수박은 배구공 크기로 커져 그때부터 익기 시작한다. 이제 이놈의 운명은 아이들의 수박 서리에 달려 있다.

학교에서는 심지 않는 동네 참외도 마찬가지다.

두밀리로 들어오다가 학교에서 2킬로미터쯤 떨어진 곳에 참외밭이 있다. 바로 우리 동네 이장님네 밭이다.

아이들은 난생 처음하는 참외 서리 꿈으로 부풀어 있다. 밤 정각 12시, 참외밭으로 출발이다. 물론 나는 아이들 모르게 이장님께 허락을 받아 놓는다.

아이들은 캠프 파이어가 끝날 즈음부터 계속 시간을 들여다 본다. 옆구리에는 시커먼 비닐봉지를 하나씩 꿰어 차고 게릴라들이 적진을 향하듯이 살금살금이다. 선생님은 발자국 소리를 내선 안된다, 기침을 해서도 안된다, 불빛 하나 비춰서도 안된다, 오직 칠흑 같은 어둠을 도둑 고양이처럼 몰래 헤쳐가야 한다고 주의를 준다. 만약 한 명이라도 잡히면 안되니까 줄행랑 칠 때 아무 지장 없도록 운동화 끈부터 단단히 조이고 출발이다. 옷도 전부 검은색으로 입고 한 부대가 떠난다.

아이들의 얼굴에는 비장한 긴장감이 돈다. 마음 약한 여자 아이들은 혹 서리하다 잡히면 어떻게 하나 걱정이 되어서 운동화 끈을 조이면서도 망설이는 눈치다. 선생님도 같이 간다니 겨우 안심이 되는지 엉거주춤 따라 나선다.

드디어 참외밭 도착. 미리 약속한 세 고랑만 공격하는 것이다. 선생님의 작전 개시 신호가 떨어졌다.

노란 것만 공격하라!

아이들은 들킬세라 참외밭에 완전 포복을 한다. 어떤 아이들은 가슴과 손이 어찌나 떨리는지 아무리 힘을 써도 참외가 잘 떨어지지 않는다. 겨우 겨우 힘들게 따 내면 비닐 봉지에 담고서 서로 눈치를 본다. 누구 것이 더큰가 하고. 욕심쟁이 아이들은 두 개씩만 따기로 한 약속을 잊고 세 개, 네 개씩 따 담느라 바쁘다.

약 십 분 후에 선생님 입에서 후퇴 명령이 내려진다. 모두 허리를 낮추고 학교로 돌아간다. 속으로 '빨리 빨리' 하며 꽁지 빠지게 뛰는 것이 너나 없이 번개 같다. 학교로 돌아와 펼친 비닐 봉지에는 노란 참외들이 수북이 들어 있다. 숨을 헐떡거리면서도 들키지 않았다고 서로 자랑이다. 숨도 채 고르기 전에 네 것이 크냐, 내 것이 크냐 대어 보느라고 정신이 없다. 그리고 얼굴엔 더 할 수 없는 승리감에 가득 찬다. 아이들에겐 액션 영화보다 더 스릴 있는 대단한 모험으로 기억되는 것이다.

그 짧은 시간의 무용담으로 아이들은 밤이 새는 줄도 모른다. 잘 익은 것은 골라 깎아 먹고 나머지는 가방에 꼭꼭 넣어 집에 가지고 간다. 지금도 아이들은 모이면 그날 서리 이야기로 웃곤 한다고 한다.

고구마는 6월 초에 심는다. 온실에서 막 잘라온 고구마 순을 아이들 손에 서너 개씩 나눠 주고 어머니 젖가슴처럼 올라온 두둑에 꽂고 흙을 덮게 한다. 여름내 땅속에서 탄소동화 작용을 열심히 한 고구마는 뿌리를 내리고 잎을 무성하게 키운다.

추석 무렵이면 아이들은 자기들만의 두더지 작전을 개시한다. 병아리 손으로 무성한 줄기들을 낫으로 젖히고 호미로 듬성듬성 땅을 파 고구마 캐기에 여념이 없다. 주먹만한 빨간 고구마부터 머리통보다 큰 고구마가 나올 때면 그걸 들고 신바람이 나 덩실덩실 춤을 추고 난리다.

봄에 줄기를 흙에 꽂았는데 어떻게 땅속에서 열매를 맺었는가 마냥 신기하기만 한 것이다. 이렇게 어린이들은 자연스레 농부의 마음이 된다. 하나의 생명이 수많은 생명을 만드는 노동의 의미와 그 속에서 신명스런 재미를 느끼게 되는 것이다.

요새 아이들에게 선풍적인 인기를 끌고 있는 다마고치를 보면 역시 아이들에게 제일 신나는 일은 하나의 생명체를 직접 키우고 가꾸면서 애정을 느끼는 일이구나 하는 것을 역설적으로 느끼게 된다. 그러나 어떤 결실도 맺지 못하는 그런 가짜 생명체에 속아 아무리 열심히 돌보아도 결국 장사꾼이 다음 물건을 팔기 위해 정해 놓은 수명으로 죽어야 하는 이 기계 때문에 상실감에 젖을 아이들을 생각하면 슬프기 이를 데 없다.

밀알 하나를 땅에 심어 싹을 돋고 정성스레 가꿔 열매를 자기 손으로 거둬 들이는 놀이, 즉 생명 놀이만큼 신나는 일은 없다. 또한 생명의 위대함, 신비함을 배우는 것만큼 가장 교육적인 것은 없다. 교육은 그런 생명을 사랑으로 키워 먹거리를 해결할 능력을 기본 목표로 해야 하기 때문이다. 두밀리 자연학교의 기본 교육 이념이 바로 여기에 있다. 그런 의미에서 우리 학교는 또한 '어린이 농부 학교'이기도 한 것이다.

풀무학원과 덴마크의 자유학교

1960년 당시 24살의 청년이던 나는 서울을 떠나 충남 홍성으로 갔다. 대학 졸업을 1년 남기고 있었지만 학비 조달이 여의치 못해 휴학을 해야 할 처지였다. 그런데 그 곳에 있는 풀무학원라는 곳이 내 마음을 끌어당긴 것이다. 농업대학을 다니면서 나는 농촌 발전 문제에 관해 본격적으로 고민하고 대안을 찾고 있었다.

나는 농촌 문제의 핵심을 교육에 두고 싶었다. 당시나 지금이나 농촌을 발전시키기 위해선 소득을 증대시켜야 한다는 견해가 지배적이지만 내 생각은 달랐다. 인격의 진보가 없는 소득 증대란 사상 누각과 같다고 생각했던 것이다. 교육을 통한 지역 사회의 개발. 이것이 내가 정립한 사회관이었고 실천 방침이었다.

내가 이런 생각을 다지게 된 데는 물론 부모님의 영향이 컸다. 또 대학 시절 만난 스승들의 감화도 밑거름이 됐다. 특히 곤충학을 강의하시던 구건 선생님의 영향은 나에게 결정적이었다. 구건 선생님은 우리나라 무교회운동의 창시자인 김교신 선생의 제자로 그

열렬한 애국 정신과 기독교 청빈 사상은 내 영혼을 흔들어 놓았다. 나는 나를 필요로 하는 가장 낮은 곳으로 가서 일하고 싶었다.

풀무학원은 1958년 『성서 생활』을 발간하시던 주옥로 선생님과 남강 이승훈 선생의 증손 되는 이찬갑 선생이 힘을 합쳐 고등공민학교로 문을 열었다. 돈이 없어 중학교에 진학하지 못하는 가난한 시골 아이들을 모아다 놓은 학교였다. 건물이라곤 초가집의 방 두 개가 전부였고 선생님이 네 분, 학생이 모두 합해 봐야 18명인 너무나 작은 학교였다. 그러나 참교육에 대한 열정과 이상은 누구보다 높았다. 학교를 설립한 두 선생님은 교육 불모의 현장에서 '위대한 평민'을 양성한다는 일념으로 교육에 임했다.

교사들도 마찬가지였다. 학생들이 내는 수업료는 여름에 보리 한 가마니, 가을에 벼 한 가마니가 전부였다. 교사들은 이것을 공평하게 나눠썼다. 다른 봉급은 없었다. 따라서 교사들도 학생들만큼 가난할 수밖에 없었다.

아이들은 돈이 없어 정규 중학교로 진학을 못했을 뿐 심성은 보석처럼 맑은 아이들이었다.

"안녕하세요. 저는 채규철입니다. 앞으로 여러분들에게 영어를 가르칠 선생님이죠. 여러분들의 얼굴을 보니 힘이 솟습니다. 여러분들과 함께 최선을 다해 이 학교를 좋은 학교로 만들도록 노력하겠습니다."

나는 즐겨 쓰던 베레모를 하늘로 힘껏 올리며 아이들의 시선을 모았다. 어리둥절해 하는 아이들 중 하나를 꽉 잡아채 교가를 부르게 했다.

"흰구름 넘나드는 오소산을 보며 새나라 새일꾼 풀무골에 모였네…"

풀무학원의 하루하루는 새로운 날들의 연속이었다. 가난하지만 바르고 순박한 아이들이 아침부터 또렷한 눈으로 선생님들을 반겼다. 가끔씩 결석하는 아이들을 찾아 학교 뒷산인 오소산 줄기를 찾아 헤매는 일도 싫지 않은 일 가운데 하나였다.

나는 영어 선생으로 부임했지만 필요에 따라선 다른 과목까지 맡는 만능 선생이어야 했다. 그런 일은 당시의 풀무학원의 선생님이라면 누구나 감당해야 하는 일이었다. 하지만 영어 수업이 당장 필요했다. 아이들은 거의 영어 수업을 받지 못하고 있었다. 가르칠 선생님이 없었던 탓이다.

나는 학년 구분 없이 아이들을 한 교실에 다 모아 놓고 수업을 시작했다. 껍질이 드문드문 벗겨진 흑판에 우선 커다랗게 Knowledge is power 라고 썼다.

"자 애들아, 우린 모두 알아야 한다. 그래야 다시 일어설 수 있는 거야. 이 말은 그런 의미야. 즉 '아는 것이 힘이다'라는 뜻이지. 처음 보는 말이겠지만 다같이 따라 읽어라. 놀리지 이즈 파워. 자 큰 소리로 한다!"

아이들은 묵묵 부답이었다. 어느 누구 하나 입을 떼려 하지 않았다. 답답한 것은 내가 아니라 아이들이었던 것이다. 자고로 외국어 공부의 핵심은 반복해 읽는 것이라 믿고 있던 나로선 이들의 무거운 입을 여는 것이 필요했다.

"그럼 다시 한다. 놀리지 이즈 파워"

"……"

"그럼 너 번영이 어디 해볼래?"

나의 지적을 받은 번영이는 개중에서도 똘똘하고 씩씩한 아이였
다.

"저요? 그럼 해보지유. 놀리지 마유!"

입을 앞으로 쭉 내놓으며 하는 폼이 제딴에 멋을 낸 말이었다.
웃을 수도 없는 일이었다.

"그럼 너 상철이 해볼래?"

내 말이 끝나기 무섭게 상철이는 뒤로 고개를 확 돌려보면서

"놀리지 마유!"

하는 것이다. 난 더 이상 웃음을 참을 수 없었다.

"하하하, 그래 잘했어 너희들 정말 에이비씨부터 배워야겠구나."

나의 첫날 영어 수업은 구수한 한편의 소극이었다.

풀무학원은 자연으로 둘러싸인 학교였다. 정식으로 인가 받지
못한 공민학교였지만 봄이면 꽃들이 만발하고 여름엔 개구리, 매
미, 메뚜기, 나비 등 온갖 벌레들이 춤추고 가을엔 먹다가 지칠 정
도로 많은 감과 밤이 넘치고 겨울엔 꿩, 토끼, 노루가 뛰어 다니는
그런 곳이었다. 풀무학원 아이들에게 이런 주변 환경은 혜택이 아
닌 생활 그 자체였다.

당시 나의 집은 학교에서 걸음걸이로 백 보 정도 떨어져 있었다.

마을 전체가 가난한 농촌이라 가끔씩 도시로 나가버린 빈집이 있었다. 내가 거처한 곳도 그런식으로 버려진 집이었다.

"선생님 계시유? 김치 가져 왔으니 이거 드시구유, 여기 고구마는 저녁 밤참으로 드시유."

어머님들이 가져다 주시는 여러 먹거리가 나의 주식이었다. 당시 변변치 못한 총각 살림이라 그들의 호의를 거절할 겨를도 없이 받아 먹기 급급했다.

일년에 한번씩 학교 앞 마당에서 가지는 복날 잔치는 아이들의 아버지들로부터 농사 기술을 전수받는 날이었다. 풀무학원 앞 약 천여 평의 땅을 선생님과 아이들이 직접 농사를 짓고 있었기에 그들의 시시콜콜한 여러 말들은 생생한 경험의 전수였다.

잔치가 끝날 무렵, 한 아이의 아버지가 어려운 말인 듯 한마디 툭 던진다.

"아니 선상님 그런데 이 골짜기 시골엔 어떻게 올 생각을 했시유. 여긴 우리 같은 농사꾼들이나 어울리는 곳이고 이 학교 선상님들도 다 이 부근 출신인디."

"아, 그렇죠. 군대에 있을 때 우연히 본 잡지에 풀무학원에서 영어 선생을 구한다는 광고가 났습디다. 그래서 지원한 거죠. 지금 생각해 보아도 아주 잘한 일 같습니다."

"아 그런데 애들이 그 미국 나라 말은 잘 따라하는 감요? 전 도통 무슨 말인지 모르겠는디…, 글세 그 놀리지 마유라는 것도 미국 말입니까? 우리나라 말하고 별로 다르지도 않은거 같은디…."

"아 그말요 뭐 말이라는 것이 다 그렇죠. 다 비슷해요. 아버님 제

술 한잔 받으시죠."

풀무학원의 밤은 깊어갈 줄 모르고 있었다.

풀무학원에서 내가 가장 신경 쓴 과목은 축산이었다. 별로 가진 것 없는 농가의 살림살이를 늘이기엔 그것 외엔 특별한 방법이 없어 보였다. 아이들과 제일 먼저 시작한 일이 '협업 육추'라는 것이었다. 양계는 부화후 30일간이 제일 힘들다. 그 기간은 특히 비용과 품이 많이 들어 혼자 감당하기가 여간 힘든 게 아니다. 그래서 이를 협업으로 한다면 그 부담을 많이 덜 수가 있을 것 같았다.

다행히 많은 학부형들과 마을 사람들이 응해줘서 백 마리 이백 마리까지 신청을 받아 학생들과 더불어 약 천여 마리까지 사육을 시작했다. 어느 면에선 농사를 잘 모르는 아이들과 선생님들이 하는 일이라 불안한 마음들이었지만 '협업 육추' 사업은 열심히 일한 덕에 무리 없이 성공할 수가 있었다.

육추 사업의 성공은 큰 메아리를 불러일으켰다. 아이들과 학생 나아가 학부형들 더 크게는 마을까지도 하나로 묶는 큰 결실을 이루게 된 것이다. 보름날이면 아이들은 우리 집에 모여 고구마, 감자 등을 구워 먹으며 대농장의 꿈을 함께 나누고 협동 조합의 야무진 꿈을 본격적으로 키웠던 때가 이때였다.

똥지게 지기, 돼지 치기, 양계, 논매기, 꼴베기, 수로 파기 등 아이들은 반 농사꾼이나 마찬가지였다. 거기다 운동장 넓히기, 우물 파기, 화장실·기숙사·교실 짓기 등 학교를 만드는 온갖 일을 학생과 교사가 함께 했다. 오전에는 주로 수업을 하고 오후에는 일을 했는데 교실에 앉아 공부하는 시간이 오히려 휴식 시간일 정도였다.

"일만 하면 소, 공부만 하면 도깨비, 우리는 소나 도깨비가 아닌 일도 하고 공부도 하는 사람이 되자." 이것이 풀무의 교육 철학이었다. 난 이 아이들이야말로 진정코 살아 있는 공부를 하고 있다고 믿고 있었다. 비록 가난해서 읍내의 정규 학교는 가지 못했지만 대한민국 어디에 내놔도 부끄럽지 않은 교육을 풀무학원은 하고 있었다.

풀무학원에선 아이들에게 암기를 강요하지 않았다. 스스로 필요에 따라 느껴서 공부하길 유도했다. 많은 책을 읽도록 권했고 스스로의 생각을 표현하도록 한달에 두 번씩 벽보를 만들어 붙이게 했다.

아이들은 똥지게를 지며 영어 단어를 외웠고, 꼴베다 쉬면서 시를 읽고, 양계장에서 한참 일하는 선생님에게 뛰어가 안 풀리는 수학 문제를 묻곤 했다.

우리의 수업은 초가집 교실을 벗어나 학교 마당, 축사, 논, 뒷산, 학교 앞 냇가에 이르기까지 우리가 일하는 모든 곳에서 이뤄졌다. 어쩌다 이런 사정을 잘 모르는 사람들이 학교를 방문해 우리의 이런 모습을 보고선 빙정대기도 했다.

"역시 똥통학교는 똥통학교야."

이처럼 엉뚱한 소문을 내기도 했지만 그들은 풀무학원을 이해하지 못하고 있었기에 우린 그런 말을 오히려 가소롭게 여길 정도였다.

풀무학원 일년 동안의 교사 생활은 나로 하여금 많은 것을 배우게 한 날들이었다. 그리고 내가 농대를 택한 것이 그렇게 자랑스러울 수가 없었다. 하지만 아직 일년간의 학업이 더 남아 있어 부득이하게 서울로 올라가야 했다. 나는 아이들에게 그렇게도 누누이 다시 내려올 것을 약속했지만 아이들은 그저 불안해 하기만 했다.

"선생님, 저희가 실은 감유? 이제 대처로 나가면 다신 오지 않을 거쥬? 학교 졸업 안하면 안되남유. 제발 가지마유 선생님! 가지 마유!"

아이들 모두 눈이 빨갛게 충혈되도록 울고 나서야 나는 말을 꺼낼 수 있었다.

"애들아, 선생님은 반드시 돌아온단다, 걱정 말고 기다려라. 그대신 선생님이 다른 분을 여기에 대신 보낼테니 그 분하고 공부하고 있어라. 너희들은 그 선생님을 나라고 생각하고 따라 주기 바란다."

아이들에게 전혀 예상치 못한 약속을 하고 나서야 나는 아이들과 헤어질 수 있었다.

서울로 올라와서 가장 먼저 해야 할 일은 장래를 약속한 사이던 나의 여자 친구 조성례를 설득하는 일이었다. 성례와 나는 교회에서 야학을 비롯한 봉사 활동을 하며 알게 되었고 얼마 지나지 않아 사랑하는 사이가 되었다. 조신한 행동거지가 은은한 매력을 불러일으키는 여성이었다. 그러나 안으로는 활활 타는 열정과 헌신적

인 봉사 정신을 지닌 사람이었다. 성례는 내가 다시 서울로 올라
오기만을 손꼽아 기다리는 중이었다.

그녀와 오랜만에 마주 앉은 내가 한 첫마디는 풀무학원에 대한
자랑이었다.

"그런데 말야 성례, 지금 그 학교가 큰 어려움에 처해 있어요. 내
가 벌인 일 때문이지. 내가 나서서 수습하지 않으면 안되는 일인데
…, 어떡하나 참 큰일인데…."

성례가 눈을 크게 뜨며,

"왜 그러세요. 제가 도와줄 수 있는 거예요. 말씀해 보세요."

나는 기회다 싶어서 조심스럽게 말을 꺼냈다.

"음, 다름 아니라 성례의 도움이 꼭 필요한 일이야. 성례! 난 학
교 졸업하자마자 다시 그 곳으로 내려가려 해요. 아이들이 날 필요
로 하고 내가 하고 싶은 농촌 운동을 할 수 있는 곳이야. 그런데 내
가 그동안 일만 벌이다 올라오게 되었지. 지금 아이들은 나 대신
누군가를 필요로 하고 있어요. 나 역시 누군가가 일년 동안 내 역
할을 대신 했으면 해요. 성례! 당신이 도와줘야겠어요."

성례는 고개를 숙이고선 한동안 아무 말 없었다. 그녀의 단발머
리가 땅바닥에 붙을 정도로 그녀의 목은 좀처럼 올려지지 않았다.
한참을 그러다 겨우 기어들어가는 목소리로,

"그럼 저에게 좀 생각할 시간을 주세요"

하는 것이다.

우린 일단 다음을 약속하고 헤어졌다. 돌아오는 길에 나 역시도
곰곰이 생각해 보니 성례가 풀무학원으로 내려가는 것은 보통일이

아니었다. 여자의 몸으로 그것도 혼자서 객지에서 생활하는 것은 당시만 해도 엄두 내기 힘든 일이었다.

또 산더미 같은 풀무학원의 일을 성례처럼 가냘픈 여자가 제대로 감당할 수 있을지 걱정돼 보였다. 하지만 어차피 내가 학교를 마치고 홍성으로 내려가면 그녀와 결혼하게 될 것이고 그러면 성례도 거기서 생활해야 할 것이었다. 그렇다면 좀 일찍 내려가서 생활 적응부터 하는 것도 그리 나쁜 일만은 아니라고 생각되었다.

멈칫거리는 성례를 설득하는 방법은 단 한 가지밖에 없는 듯했다. 사랑에 호소하는 것. 이것이 내가 쓸 수 있는 유일한 방법이었다. 나는 성례와 만나기 전 미리 편지를 써서 그녀에게 보냈다.

"……성례! 내가 당신을 얼마나 소중하게 생각하는지 당신은 알 것이오. 당신을 처음 본 그 순간을 잊을 수 없소. 분필가루 하얗게 날리며 아이들에게 열정을 쏟던 그 모습 말이오. 난 매일 당신을 가슴에 수없이 묻으며 당신을 그려왔오. 그런 내가 당신에게 너무 어려운 부탁을 한 것 아니오? 미안하오. 성례! 당신을 바다처럼 깊게 사랑하지 않았다면 이런 말도 감히 꺼내지 못했을 것이오. 사랑하오. 성례! 날 도와주시오. 당신이 내가 떠난 그 자리를 채워주시오. 그리고 일년만 우리 참읍시다. 내 당신을 가슴 깊이 안기 위해 곧 달려가리다. 성례…!"

내 편지를 꼭 쥐고 나온 성례를 학교 앞 찻집으로 데려갔다. 성례는 이미 마음을 정한 듯 맑아보였다. 자리에 앉자마자 탁자 앞으로 손을 내미는 것이었다. 나는 누가 볼세라 그녀의 작은 손을 조심스럽게 내 손으로 감쌌다.

"성례, 고맙소."

성례는 참으로 대단한 여자였다. 그녀는 거의 완벽할 정도로 풀무학원에 적응해 있었다. 내가 일년 만에 다시 학교로 돌아갔을 때 아이들은 자기들로부터 조선생님을 뺏어간다며 오히려 난리였다. 난 이들의 즐거운 투정을 기쁘게 받으며 마침내 성례와 한평생을 맹세하는 결혼식을 올렸다.

우리는 살림을 전에 머물렀던 그 집에서 시작했다. 집을 말끔히 꾸미는 일은 아이들이 도맡아 했다. 아이들은 방안 도배부터 집 담장 새로 쌓기에 이르기까지 온갖 정성을 쏟았다. 단촐한 신혼 살림살이는 마을에서 여러 모로 추렴한 것들로 채울 수 있었다. 부엌의 찬장은 어느 동료 교사가 읍내에서부터 지고와 잘 살라며 가져다 놓은 것이었고, 냄비며 수저 등 살림살이와 갖가지 먹거리들이 학생들과 교사들의 도움으로 마련됐다.

성례와 나는 공주와 왕자 부럽지 않은 한 없이 풍족한 신혼 첫날밤을 맞이할 수 있었다. 성례를 말 없이 껴안으며 난 조용히 속삭였다.

"성례, 수고했소. 고생 많았지. 우린 오늘로 부부요. 당신과 다시는 헤어지지 않을 것이오. 그동안 고생 많았소."

성례의 뜨거운 눈물이 흘러내리는 순간이었다.

지금 생각하면 풀무학원 5년간의 교사 생활은 내 인생에서 가장 행복한 시기였다. 어려운 살림이었지만 아이들을 가르치는 일에 보람을 느꼈고, 신혼의 달콤한 행복이 무럭무럭 피어나던 때였다. 첫아들을 얻은 곳도 풀무학원에서였다.

풀무학원의 생활도 어느 정도 안정되어 갈 무렵이었다. 대학 시절 영어 모임에서부터 뜻이 맞아 친하게 지내던 친구로부터 예기치 않은 편지를 받았다. 이 친구는 학교를 졸업하자마자 국비 장학생으로 덴마크로 유학을 떠나 있었다.

편지의 내용은 나를 덴마크 정부에서 운영하는 프로그램에 장학생으로 추천했는데 그것이 통과됐다는 소식이었다. 농대를 졸업하고 농촌 운동 현장에 뛰어들은 나의 경력이 높은 점수를 샀다는 것이다. 그 프로그램은 외국인 유학생들을 그 유명한 덴마크 국민고등학교에 입교시켜 여러 교육 시설을 견학시키고 덴마크의 교육 환경 및 이념을 전하고자 하는 것이었다.

난 성례에게 이것은 결코 포기할 수 없는 중요한 기회라 말했다. 이번 기회를 통해 덴마크의 선진적인 농업과 농촌 교육을 배워와야겠다고 했다. 그리고 어렴풋하게 알고 있던 구룬투비에 대해서도 좀더 자세히 연구해 볼 기회가 될 것이었다.

이렇듯 나의 5년간의 풀무학원 교사 생활은 유학으로 잠시 그 막을 내리게 되었다. 아내 성례도 첫아들을 막 출산한 때라 교사 생활이 여간 부담스럽지 않았다. 일단 아내를 부산 본가로 내려보낸 나는 억수같이 쏟아지는 소나기를 뚫고 덴마크로 떠나는 비행기에 몸을 실었다. 1965년 8월의 일이었다.

덴마크 유학 기간은 일년이었다. 그 첫 6개월은 주로 어학 학습

과정이었다. 나머지 6개월은 본격적으로 덴마크에 산재해 있는 고등공민학교들을 견학하고 운영 과정을 연구하는 일정이었다.

덴마크 교육의 이념을 만들어 낸 사람이 구룬투비라면 그의 이념과 이상을 교육 현장에서 실천한 사람은 크리스텐 콜이었다. 구룬투비는 1800년대 덴마크의 교육을 이미 죽은 교육이라 단정하였다. 즉 수학 공식이나 암기하고 독일어 단어나 외우고 교리문답을 암송하는 식의 교육으론 덴마크가 깨어날 수 없다고 주장하였다.

그의 사상을 실제의 교육 현장에서 참교육으로 실천한 사람이 바로 콜이었다. 그는 유트란드 반도의 중심부에 있는 레스링거라는 마을에서 그의 첫학교 레스링거 국민고등학교를 마을에 있던 외양간 축사를 개조하여 문을 열었다.

그가 새로운 형식의 '자유학교'를 시작하자 인근 마을에서 18명의 학생들이 마차와 자전거를 타고 모여 들었다. 축사의 이층 건초실을 개조하여 학생들의 침실로 만들었다. 학생들이 여기서 먹고 자고 일하고 배우는 일종의 기숙사식 실험 학교로 시작한 것이다.

그의 학교는 노동과 수업의 명확한 구분이 없었다. 아침에 다같이 기상하여 덴마크식 체조부터 하였다. 이후 청소하고 아침 먹고 밭에 나가 농사일을 하였다. 그러다 학생들에게 지식이 필요하다고 판단되는 적당한 순간에 아이들과 교실에 모여 수업을 하는 식이었다.

그의 수업은 덴마크의 고대 신화부터 시작하는 역사 강의, 덴마크의 문학, 지리, 농업들을 열강하였다 한다. 콜이 이런 식으로 학교를 운영한다는 것을 들은 학부모들이 항의하기 위해 학교로 모여들었다.

학부모들은 이구동성으로,

"콜선생님, 우리 아이들을 열심히 가르치고 사랑하는 것은 잘 알지만 어떻게 이 학교에선 숙제도 없고 시험도 없으며 수업 시간도 정해놓지 않고 있습니까?"

하고 따졌다.

이에 콜은 다음과 같이 설득을 했다.

"여러분들 모두 농사를 지으시죠. 그럼, 봄이나 가을에 밀이나 보리를 심을 때 그 곳에 표시를 합니까? 안합니까?"

"종자를 심을 때 표시하는 얼간이 같은 사람이 어디 있겠습니까."

"하지만 밭에 배수관을 묻을 때에는 어떡합니까?"

"그거야 당연히 표시를 해두어야지요."

"그렇습니다. 교육도 마찬가지입니다. 암기식 죽은 교육을 할 때는 그것을 표시해야 할 겁니다. 성적도 매기고 등수도 매기고. 그러나 산교육, 참교육을 했을 때는 아이들에게 그런 것들이 필요치 않습니다. 아이들에겐 저희 학교에서 하는 이 과정이 '생명의 말씀'으로 남아 있을 겁니다. 그들이 어른이 되어서도 영원히 싹을 피울 교육을 우린 하는 것입니다. 실제 생활에서 나오는 선생님의 감화는 어린이들의 가슴에 머리에 평생토록 간직되는 것이지요."

어느날 그 지역 장학사가 콜의 학교에 감사를 나왔다. 그는 콜의 제자들이 제대로 교육을 받고있는가를 알아보기 위해 아이들을 교장실로 불렀다. 그의 시험이란 것은 교리문답에 관한 암기였다. 대부분의 학생들이 외우질 못했다. 장학사는 아이들 앞에서 콜을 욕하기 시작했다. 이것을 듣게 된 콜이 교장실로 들어왔다.

"우린 아이들에게 무조건으로 외우게 하는 것은 시키지 않습니다. 그러나 이해하는 교육은 합니다. 그러니 아이들에게 다시 한번 교리문답의 내용을 이야기하게 해보십시오."

콜이 차분하게 그를 설득했다. 콜의 말대로 아이들은 또렷하게 교리문답의 내용을 설명하는 것이었다. 이것에 감동한 장학사는 비로소 자기가 이 '자유학교'를 위해 도와줄 수 있는 일이 무엇이냐고 물었다.

이에 콜은 엄숙하게 말했다.

"자유학교를 도와주는 길은 오직 단 한 가지, 즉 정부에서 간섭하지 않는 것입니다."

이때부터 덴마크에서는 자유학교에 대해서만은 일체의 간섭을 하지 않게 되었다.

나는 그 실제의 '자유학교'들을 견학하면서 많은 충격과 감동을 받았다. 어찌 보면 내가 막연히 꿈꾸던 교육을 통한 지역 사회 개발의 현실적 모델이라고도 할 수 있었다.

그러나 당시 덴마크와 한국의 현실은 너무나 달랐다. 덴마크는 세계 최고 수준의 부자 나라였고, 우리는 한국에서 제일 높은 고개는 보리고개다 하는 말이 나올 정도의 너무나 가난한 나라였다.

이러한 차이는 교육에서 더 확연히 드러났다. 덴마크에서는 자유학교를 비롯한 모든 사립학교가 학생수 10명만 넘으면 운영비의

80%를 지원받았다. 물론 공립학교는 100% 지원이었다. 그러나 우리 현실은 어떤가? 풀무학원의 경우 정부 지원이 꼭 필요한 학교였음에도 불구하고 보조는 커녕 정식 학교로 인가조차 받지 못하는 실정이 아닌가?

덴마크와 한국, 자유학교와 풀무학원. 너무도 대비되는 두 양극을 실제로 겪는 나의 마음은 착잡하기 그지 없었다. 그러나 덴마크 사람들이 겨우 100년의 노력으로 이만큼 일군 것을 우리라고 하지 못할 것은 없지 않은가, 오히려 우리는 덴마크가 저지른 시행착오를 겪지 않고 더 멋진 나라를 만들 수 있지 않겠는가, 나에게는 젊은 오기가 발동하고 있었다.

이러한 오기가 덴마크 가정에 초대받았을 때, 이상한 방향으로 분출되기도 했다. 내가 한국에서 왔다고 하면, 그들이 꼭 물어보는 것이 있다. 남쪽이냐, 북쪽이냐? 나는 북쪽 출신이지만 지금은 남쪽에 살고 있다고 답한다. 집에 자가용은 몇 대냐? 없다. TV는 있냐? 없다.

그러면 그들은 더 이상 물어볼 것이 없다는 투로 화제를 다른 데로 돌린다. 미개한 나라로 단정하는 것이리라. 한국의 유구한 역사와 자랑스러운 문화 유산을 들려주고 싶었던 나는 속으로 열이 받기 시작한다.

이번엔 내 차례다. 나도 당신네 나라에 대해 좀 물어볼 게 있다. 동화 작가 안델센에 대해 어떻게 생각하느냐? 좋아라 하면서 훌륭한 작가요, 세계적인 작가라고 대답한다. 그러면 구룬투비나 달가스는 어떠냐? 거의 90% 이상은 잘 안다고 대답한다. 그러나 그 다음 문제에서 상황은 역전이 되고 만다. 『죽음에 이르는 병』을 쓴 쎄렌 키에르케고르에 대해서도 모를 리가 없겠지?

"키에르케고르 처음 듣는 이름인데?"

이상하게도 덴마크 사람들은 자기네 나라의 세계적인 철학자에 대해서는 모르는 사람이 대부분이었다. 내가 키에르케고르의 사상을 설명해 나가면 나를 미개한 나라에서 온 불쌍한 학생으로 보던 그들의 시선은 점차 놀라움과 존경의 눈빛으로 바뀐다.

나는 이때를 놓치지 않고 한국의 정신 문화에 대해 열변을 토한다. 자동차와 TV에 만족하고 사는 덴마크의 평범한 사람들에게 한국은 대단한 철학자의 나라로 비쳤을 것이다.

덴마크에서 나는 교육은 머리가 아닌 가슴으로 하는 것임을 다시 한번 확인할 수 있었다. 나의 눈에 이들의 교육관은 단지 멀리 떨어진 이상으로만 여겨지진 않았다.

멀리 있는 풀무학원이 그려지며 아마 우리나라에도 언젠가는 '자유학교'와 같은 멋진 학교들이 출현할 것임을 의심치 않았다. 그리고 그 일이 바로 나의 일이 될 것이라 다짐하곤 했다.

자연 속에 방목된 아이들

나는 자연학교에 오는 아이들에게 종종 이렇게 물어 보곤 한다.

"효정아, 너는 자연학교에 오면 뭐가 제일 좋으냐?"

"음, 물놀이도 재미있고요, 밤에 모닥불 펴 놓고 노래 부르며 포크 댄스와 탈춤 추는 것도 재미있고요…, 음 그 중에서도 제일 좋은 것은 '자유'에요!" 한다.

나는 이 말을 들으면 당혹스러울 때가 많다. 애들이 '자유'의 의미를 알기나 하고 쓰는지 궁금한 것이다. 그래서 또 물어 본다.

"자유라니? 자연학교가 어떻길래 자유가 그렇게 좋으냐?"

"학교에서요, 수학 여행이나 극기훈련을 가면요, 자연을 보고 유적지도 보고 여행을 하는 것도 좋지만요, 항상 시간도 정해져 있고 또 선생님들이 기합 주는 게 너무 싫어요. 그런데요, 자연학교에선 정해진 시간이 없어서 너무 좋거든요, 특히 잠자는 시간이 없다는 게 제일로 좋아요, 친구랑 밤새 얘기할 수 있잖아요."

나는 이런 말을 듣고는, 우리 국민 중에서 가장 자유를 그리워하

60

는 사람들은 바로 우리의 어린이들이   아닌가 생각해 보게 된다. 과거 유신 시절과 군사독재 시절 우리 어른들은 많은 자유를 빼앗긴 채 살아왔다. 그래도 문민정부에 들어서는 과거에 비해선 훨씬 자유롭게 산다고 생각해 왔다. 그런데 미래의 새싹이어야 할 우리의 아이들은 독재 아닌 독재에 시달리고 있는 것이다. 어떻게 보면 어른들보다 더 자유롭게 자라야 할 우리의 아이들이 억압받고 있다는 것은 너무 아이러니컬하지 않을 수 없다.

아이들은 어른과 다르다. 같은 인간이지만 어른의 축소판이라 생각해선 안된다. 아이들은 자동차에 비유하면 브레이크 없이 마구 달리는 차와 같다. 그만큼 하루가 다르게 변하고 자란다는 의미다. 아이들은 잠시도 가만히 안 있는다. 쉴 새 없이 손과 발을 놀리면서 몸을 놀리고 입을 놀린다. 그러면서 자라는 것이다.

그런 아이들을 조기 교육이다, 과외다 등으로 구속시켜 정서적으로 스트레스를 받게 하면 아이는 제대로 자랄 수 없다. 몸만 그런 게 아니다. 정신도 나쁜 영향을 받게 된다.

자기 자식이 머리가 좋아지기를 바라지 않는 부모는 없을 것이다. 그렇지만 머리를 좋게 하려면 아이를 최대한 자유롭게 해 주어야 한다. 머리가 좋아진다는 것은 그만큼 정신 집중력과 창의력이 좋아졌다는 것을 뜻한다. 집중력을 높이려면 머리가 맑게 개어 있어야 한다. 창의력도 마찬가지다. 항상 머리가 맑게 열려 있어서 호기심과 상상력을 자극해 주고 거기에서 아이 스스로 무엇을 느끼게 되면 집중해서 연구해 보고 자기만의 창조력을 발휘할 수 있게 되는 것이다.

아인슈타인도 자기 머리의 5% 정도밖에 못 썼다고 한다. 그만큼 인간의 능력은 무한한 것인데, 그 능력은 누가 강제로 주입시킬 수 있는 게 아니라 아이 스스로 자기를 개발하고 발견해 가면서 키워질 수 있다. 그러기 위해선 아이를 믿고 아이 스스로 자기 힘을 발견해 가도록 '자유'롭게 해 주어야 하는 것이다.

두밀리 자연학교는 일명 '자유학교'이고 별명은 씨엘오(Child Liberation Organization : 어린이 해방기구)다. 우리 식으로 하면 '신명나게 노는 학교'인 것이다.

나는 아이들의 신명을 모닥불 펴 놓고 춤추고 노래 부르며 불 꺼질 때까지 노는 '자연학교의 밤'에서 보곤 한다. 이 시간 동안 아이들은 완전히 광란(?)의 밤을 보낸다. 요새 아이들은 자기 감정을 표현하는 데 아주 솔직하다. 노는 중에는 누구 하나 눈치 보는 놈이 없다. 디스코 춤을 비롯해 아이들이 좋아하는 가수들의 춤을 흉내내며 별의 별 춤을 다 선보인다. 애들답게 동요를 부르며 놀지는 않지만, 그래서 어른들의 눈으로 보면 걱정될 수도 있겠지만, 그러나 그들이 무슨 노래를 부르든 무슨 춤을 추든 신명 난 아이들의 몸짓에는 자유로운 동심이 그대로 우러난다.

그리고 그 여운은 밤새도록 계속된다. 잠잘 생각은 않고 자기들끼리 무슨 얘기가 그리 많은지 예닐곱명 씩 모여 잠자는 다른 친구들 깰까봐 소곤소곤 얘기하며 별과 달과 함께 밤을 지새우는 것이다. 그러다 아이들은 새벽을 알리는 수탉의 꼬끼요 소리를 듣고 산

넘어 스며드는 여명을 보며 아침 산책을 나간다. 이런 경험은 도시의 아이들로서는 좀처럼 경험할 수 없는 신비한 맛을 느끼게 한다. 밤새 춤과 노래로 그 동안 쌓인 모든 나쁜 기운을 발산해서 화끈하게 스트레스 풀고 빈속을 다시 새벽에 솟는 자연의 신선한 기운으로 채우다 보면 그 감동은 잔잔하지만 애들에겐 또 다른 신명, 즉 카타르시스로 다가온다.

역시 아이들에게 제일로 인기 있는 것은 멱감기다. 두밀천 냇가에는 놀 게 너무 많다. 우선 물놀이의 맛은, 각지고 소독 냄새 나는 실내 수영장이 아니라 굽이쳐 흐르고 움푹 파진 곳에선 잠시 고여 있기도 하고, 턱이 진 곳에선 폭포처럼 쏟아져 내리는 냇가에서 놀아야 제 맛이 난다. 흔들리는 통나무 다리에서 다이빙도 하고, 친구들끼리 신나게 물싸움도 하고, 개구리헤엄·개헤엄으로 놀아 제낀다. 어디 재미있는 게 그뿐이랴. 돌 밑에서 가재를 잡기도 하고, 피라미, 갈겨니, 버들치, 얼룩 동사리 등 제대로 잡지도 못하면서 그놈들 잡느라 첨벙첨벙 물속을 헤집고 다닌다. 그러면서 아이들은 하나하나 자연에 동화되어 가는 것이다.

입교식이 끝나고 저녁 먹을 때까지 정신 없이 놀다 보면, 아이들은 등골 오싹한 전설을 만나러 간다.

수유 초등학교에서 온 최현수 선생님은 귀신 잡으러 가는 것으로 유명하다. 최선생님은 꼭 밤 12시가 되면 아이들 데리고 500m나 떨어져 있는 두밀천 다리까지 간다. 걸어가는 동안 아이들에게 저멀리 보이는 다리 밑에 산다는 처녀 물귀신 이야기를 한다.

"옛날 6.25 때 다리 위 언덕 초가집에 처녀가 살았단다. 그 처녀가 6.25 전쟁에 나간 약혼자를 기다리다가 전사했다는 이야기를 듣고 자기도 약혼자를 따라서 이 다리에 목을 매 자살을 해버렸지. 그런데 신기하게도 그 처녀귀신은 비 오는 날만 되면 다리 밑에 나타나서 지나가는 사람들의 머리털을 뽑아가곤 한단다. 어떻게 생겼냐 하면 긴 머리칼에 하얀 소복을 입고, 입가엔 시뻘건 피를 뚝뚝 흘리며 양손은 힘없이 아래로 축 늘어뜨리고 있어. 언젠가 선생님도 한번 봤는데 정말 무섭더라. 우린 말이야 오늘 그 귀신이 나타나는지 한번 살펴보러 가는 거니까 너희들은 선생님 말을 잘 들어야 한단다!"

이쯤 되면 아이들은 벌벌 떨며 전부 다 최선생님의 팔뚝에 매달린다. 선생님 말 잘 들을테니까 제발 다리까지 가지 말고 빨리 자연학교로 돌아가자고 조른다. 그러면 최선생님은 너희 같은 개구쟁이들은 처녀귀신의 밥이 되어 봐야 세상 맛을 알테니 다리까지 가자고 고집을 피운다. 아이들이 다같이 합창으로,

"선생님 말 잘들으께요!"

라고 크게 외칠 때야 그 실랑이는 끝난다.

최선생님은 이런 식으로 아이들에게 겁을 잔뜩 주는 것이 특기다. 지금까지 한번도 아이들은 그 다리 끝까지 가본 일이 없으니 두밀천의 처녀귀신은 아이들에게 영원한 전설로 남는다.

그리고 두 살 버릇 여든 가듯, 두 살 추억 여든 가는 시간이 자연학교에서 무르익어 간다.

아이들은 노는 것만 재미있어 하는 게 아니다. 풀에다 밀가루 묻혀 설거지 하는 일도 재미있을 정도로 자연학교의 모든 것이 아이들에겐 재미있다. 왜냐? 아무도 그 아이들에게 강요하지 않기 때문이다. 진짜 재미있는 것도 선생님이 시키면 재미없는 법이다. 자유를 만끽하다 보니 그 안에 있는 모든 게 재미있는 것이다. 그리고 모든 게 새로우니까 호기심이 생겨 더 재미있다.

아이들은 놀면서 크지만, 또한 놀면서 하나하나 배워간다. 아이들은 놀면서 자연을 이해하게 되고 또한 친구들과 깊게 사귀게 된다. 친구들과 사귀면서 협동심을 배우며 그 속에서 조직력과 지도력을 익혀 간다.

우리 조상들이 자연에서 호연지기를 키웠던 것도 다 이런 뜻이 있었던 것이다.

미국에서는 학교에 권총 들고 오는 아이들이 점점 는다고 한다. 7, 80년대에는 초등학교 어린이들이 친구들과 싸웠다든지 매를 맞았을 경우에는 화풀이로 담배나 술에 손을 댔는데 이제는 아버지의 권총에 손을 댄다는 것이다. 그래서 초등학생이 권총으로 친구를 쏴 죽이고, 중학생이 기관총을 난사해 선생을 살해하는 등 무서운 아이들이 자꾸 생기고 있단다.

며칠 전에는 일본의 한 중학생이 아무 이유도 없이 잘 아는 초등학생 아이를 엽기적으로 살인을 해서 충격을 준 일도 있었다.

그러나 이런 일이 이제 남의 나라 얘기가 더 이상 아니다. 수영도 못하는 친구를 강제로 나룻배에 태워 호수 가운데에 빠뜨리고 살려고 배 위에 오르려는 친구의 머리를 쳐박아 물 속에 빠뜨려 죽였다는 일도 있었다. 여중생들이 친구 하나를 방에 가둬 집단으로 폭행하여 결국 자살하게 만든 일, 임신해 낳은 아이를 화장실에 빠뜨려 죽인 여중생 등 이제 아이들의 문제는 상상을 초월하고 어른을 뺨칠 정도로 심각해지고 있다.

그러나 이게 어찌 아이들만 탓해서 될 일인가?

나는 이런 일들이 벌어지는 것은 다 아이들을 놀게 놔두지 않는 어른들의 문제라고 생각한다. 배고픈지도 모르고 다쳤는지도 모르고 신나게 뛰어 다녀야 할 나이에 공부에 치이고, 입시에 치이고, 스트레스 풀 길은 없고, 그렇게 탈출구 없는 아이들이 과연 갈 길은 어디겠는가?

놀거리도 없고, 놀아 줄 사람도 없고 자기 얘기 들어 줄 사람도 없는 아이들…,

학교에서 학원에서 과외에서 집에서 항상 사람과 같이 있지만 사실은 항상 혼자만 있는 아이들…,

자동차에게 빼앗겨 버린 골목, 시간 되면 나가야 하는 운동장, 인적이 드문 삭막한 공원, 그래서 갈 곳이 없는 아이들….

재미있는 것도 없고, 신나는 것도 없고, 신명도 카타르시스도 없는 아이들…,

우리 아이들이 갈 곳은 전자 오락실, 놀 것은 컴퓨터 게임, 볼 것은 비디오 테이프…. 그러나 새로운 것은 없다.

그러면 다음에는 본드, 가스, 음란 비디오, 술, 담배가 강렬한 유혹으로 다가온다.

한국의 슈바이처 장기려 박사와 살인범

언젠가는 나의 주치의가 나의 뇌기능이 정지했다고 단정할 때가 올 것입니다.

살아 있을 때의 나의 목적과 의욕이 정지되었다고 선언할 것입니다.

그때 나의 침상을 죽은 자의 것으로 만들지 말고 산자의 것으로 만들어 주십시오.

나의 몸을 산 형제를 돕기 위한 충만한 생명으로 만들어 주십시오.

나의 눈은 해질 때 노을을, 천진난만한 어린이들의 얼굴과 여인의 눈동자 안에 감추어진 사랑을 한번도 본 일이 없는 사람에게 주십시오.

나의 심장은 끝없는 동통으로 신음하는 사람에게 주십시오.

나의 피는 자동차 사고로 죽음을 기다리는 청년에게 주어 그가 먼 훗날 손자들의 재롱을 볼 수 있게 하여 주십시오.

나의 신장은 한 주일 한 주일 혈액 정화기에 매달려 삶을 영위하는 형제에게 주시고, 나의 뼈와 근육의 섬유와 신경은 다리를 절고 다니는 아이에게 주어 걷게 하십시오.

나의 뇌세포를 도려 내어 말 못하던 소년이 함성을 지르게 하고, 듣지 못하는 소녀가 그녀의 창문에 부딪히는 빗방울 소리를 듣게 하여 주십시오.

그 외에 나머지들은 다 태워서 재로 만들어 들꽃들이 무성히 자라도록 바람에 뿌려 주십시오.

당신이 뭔가를 매장해야 한다면 나의 실수들을, 나의 약점을, 나의 형제들에 대한 편견들을 매장해 주십시오.

나의 죄악들은 악마에게, 나의 영혼은 하나님에게 돌려 보내 주십시오.

우연한 기회에 나를 기억하고 싶다면, 당신들이 필요할 때 나의 친절한 행동과 말만을 기억해 주십시오.

내가 부탁한 이 모든 것들을 지켜 준다면 나는 영원히 살 것입니다.

—로버트 테스트의 시 '생명의 선물'

세상엔 선한 사람만 착한 일을 하는 것은 아닌가 보다.

한국의 슈바이처라고 일컬어지는 장기려 박사님은 평생을 가난한 이웃을 위해 산 진실로 선한 사람이었다.

그러나 나는 그 분을 소개하기 이전에 먼저 그와 정반대되는 악한 사람을 소개하려 한다. 그리고 그런 사람도 장박사님 못지않은 착한 사람이었다는 것을 보여주려 한다.

일생에 단 한번 죄를 졌다 해도 그 죄를 모르는 사람은, 평생을 죄만 짓고 살았어도 자기 죄를 온몸으로 깨달은 사람보다 못하다. 아무리 억대의 돈을 가난한 사람을 위해 기부하더라도 텔레비전과 광고에 실리기를 바라는 사람은, 남모르게 작은 일을 묵묵히 도와

주는 소박한 사람보다 나을 수가 없다.

　그런 점에서 자신의 죄를 깨닫고 평생 한번 착한 일을 하기 위해 자기 몸을 기부한 살인범 얘기나, 평생 가난한 사람들을 위해 온몸을 바치신 장박사님 얘기나 어찌 보면 근본적으로는 별 차이가 없는지도 모른다. 자기의 죄를 온몸으로 반성하려는 자와 자기의 덕을 남모르게 온몸으로 행하려는 자는 어찌 보면 근본적으로는 같은 사람일지도 모른다는 것이다.

　나는 3년 전에 대전교도소에 강의를 갔던 적이 있다. 그 곳에서 아내의 살인범으로 많은 물의를 일으켰던 김현식이라는 이와 만나 지난 2년 동안 알고 지내는 사이가 되었다. 그는 나의 강의를 듣고, 내가 보내 준 내 책도 읽었다. 그러면서 나는 형제처럼 그와 다정한 사이가 되었다.

　그의 편지에는 재미있는 글도 많았다.

　"선생님, 제가 이 돌담 밖에 있을 때에는 까치라는 새는 참 좋은 새인 줄 알았습니다. 까치가 창가에 앉아서 울면 반가운 소식이 오거나 손님이 온다고 그러잖아요. 그런데 이곳 까치는 순 사기꾼입니다. 내 창가에 와서 아무리 울어도 편지 한 장이 오지 않는 겁니다."

　그러던 중, 1995년 9월 어느날 내게 한 장의 편지가 왔다. 바로 김현식으로부터 온 편지였는데, 뜻밖에 보낸이 주소가 달라져 있었다. 교도소 주소가 아니고 대전 성모병원 주소였다. 이상하게 여기면서 편지를 개봉해 보았더니 교도소에 있는 동안 대장암에 걸렸다는 것이다. 암이 온몸에 퍼져 소생불능케 되자 교도소에서 형 집행정지 처분을 내려 대전 성모병원에 입원시켰다는 것이다.

그의 편지 마지막 줄에는 이렇게 적혀 있었다.

"선생님, 제가 앞으로 며칠을 더 살 수 있을지 알 수가 없습니다. 죽기 전에 선생님과 꼭 면담하고 싶습니다. 대전에 내려 와주실 수 없겠습니까?"

나는 그 다음날로 당장 그를 만나러 대전 성모병원으로 내려갔 다. 중환자실에 누워 있는 그는 맑은 눈동자에 반가움을 가득 싣고 나의 손을 꼭 잡아 주었다. 그리고는 마치 나에게 유언이라도 하 듯,

"선생님, 나를 위해서 기도 한번 해 주세요."

내 두서 없는 기도가 끝나자 그는 나에게 부탁을 한다.

"선생님, 나는 선생님의 책에 있는 '생명의 선물'이라는 로버트 테스트의 시를 읽고 나서 마음 속에 한 가지 결심을 했습니다. 내 가 비록 살인범으로 사회에 물의를 일으킨 사람이지만 죽기 전에 뭔가 보람있는 일을 한 가지 하고 죽고 싶었습니다. 그런데 가진 재산이라고는 이 몸 하나밖에 아무것도 없습니다. 나의 두 눈은 아 직 건강하니까 내가 죽은 후에 맹인 두 사람에게 이식을 해 주시고 내 시신은 의과 대학생들의 해부용으로 바치겠습니다. 그렇게 수 속을 밟아 주십시오."

나는 그의 유언대로 했다. 나를 만나고 난 3일 후에 그는 이 세 상을 떠나고 말았다.

그의 시신은 가톨릭 의과대학에서 가져갔고 그의 안구는 맹인

두 사람에게 이식되어 밝은 빛을 볼 수 있게 되었다. 김현식은 시 한 구절로 말미암아 인생의 마지막 종지부를 이 세상의 어떤 종교 가나 성직자들 못지않게 아름답게 마무리하고 갔다.

사람은 누구나 자기가 풍족하면 남에게 베풀 수도 있다. 그러나 돈으로, 또는 여타 능력으로 남을 도와주는 일은 가능할지 몰라도 자신의 온몸을 바쳐가며 남을 도와주는 일은 쉬운 일이 아니다. 비록 사람을 죽인 흉악범이었지만 그 죄를 사죄하기 위해 자기 몸을 바친 김현식도 그 근본은 착한 사람이라는 것을 나는 의심치 않는다.

일생을 악하게 살다 한 순간에 자기 몸을 바쳐 착하게 죽어 간 사람도 드물지만 또한 한평생 온몸을 바쳐 바보처럼 착하게 살다 간 장기려 박사님 같은 분도 드물 것이다. 박사님의 그런 바보스러 움이 의료보험 제도의 시발점이 되어 많은 가난한 사람들이 의료 혜택을 받을 수 있게 되었다는 것을 아는 이도 별로 없을 것이다. 바로 의료보험 제도의 효시라 할 청십자 운동을 창시한 사람이 장 박사님이셨다.

한 바보가 그 운동을 하게 된 것 또한 바보스러운 사연이 있었다.

장박사님을 내가 만났던 때가 1967년 부산 복음병원에서였다. 당시 나는 덴마크 유학에서 돌아오자마자 부산의 몇몇 대학에서 강의를 하게 되었고 장박사님의 성서 연구 모임인 '부산모임'에도 참석하고 있었다. 이런 인연으로 나는 장박사님의 여러 사정을 어느 정도 알게 되었는데 그때 박사님은 병원에서 상당히 난처한 입장에 빠져 있었다.

"박사님! 한번만 봐주이소. 논밭도 없고 소 한 마리 없는 가난뱅이 아닝교. 지도마 집사람 수술비 댈라꼬 이리 뛰고 저리 뛰고 별난리를 쳐봤습니다. 우얍니꺼? 안되는 기라예? 제가 하도 못나선지 누구 하나 그 잘난 돈좀 빌려주는 사람없네예. 우리같이 하루 벌어 하루 사는 놈한테 누가 턱하니 돈을 주겠습니꺼. 원장님예! 제가 이래 무릎 꿇고 빌끼에. 제발 좀 어째해 주이소."

당시 보통 사람들에게 병원 문턱은 참으로 높았다. 병원비가 너무 비싸 웬간히 급하지 않고는 입원할 엄두도 못내는 그런 시절이었다. 응급환자로 들어와 수술하지 않으면 안될 위급한 상황이었으니 먼저 환자를 살리고 볼 일이었다. 한 눈에 어렵게 사는 사람들이란 걸 알았기 때문에 박사님은 이런 상황이 생길 것을 충분히 예견하고 있었다.

"그럼요. 그렇게 해요. 얼마나 좋으세요. 그래도 부인이 이제 다 나았으니 앞으로 잘 사는 일만 남았잖아요. 힘내세요! 제가 다 알아서 할테니. 저한테 맡기시고 나가셔서 열심히 사세요."

그리고 박사님은 머리 속으로 이번엔 얼마나 가불할 수 있는지를 계산해야 한다.

한번은 늦은 밤이었다. 여느 날처럼 박사님은 늦은 회진을 마치고 막 원장실로 들어오던 순간이었다. 한 남자가 날렵하게 박사님의 허리를 잡으며 원장실로 따라 들어오는 것이다. 그 남자는 무조건 원장실 문을 걸어 잠그고 나서 털썩 주저앉는다. 병원비가 없어서 퇴원조차 못하고 있는데 어떻게서든 갚을테니 나가게만 해달라고 떼를 쓰는 것이다. 박사님은 이럴 때를 마치 기다렸다는 듯 그 사람의 목소리부터 낮추라고 타이른다.

"여보세요, 누가 들으면 안되잖아요? 이런 얘긴 조용조용 해야지 그렇게 크게 해서 어쩌려구 그래요? 알았어요. 그럼 언제 도망칠 겁니까? 내가 그 시간에 맞춰서 병원 뒷문을 살짝 열어 놓을테니 그거부터 정합시다. 참 그리고 내가 문 열어줬다고 소문내면 안됩니다. 그럼 앞으로 다른 사람을 도와줄 수가 없어요. 이 약속만 지켜주십시오."

그리고 다음날 없어진 환자 때문에 병원엔 소동이 벌어지지만 그 범인이 바로 장박사님이란 건 곧 밝혀지고 만다.

장박사님이 이렇게 돈 없고 가난한 환자들을 무료로 치료해 준 탓에 병원 운영에도 압박이 왔다. 보다 못한 병원 여러 임원들은 마침내 회의를 열어 무료 환자들의 경우엔 원장님 마음대로 처리하지 못하고 부장 회의를 거쳐서야 할 수 있게 정해버렸다. 장박사님도 어쩔수 없는 상황이라 궁여지책으로 생각해낸 것이 진짜 어려운 환자들의 경우엔 탈출을 거들어 주게 되었던 것이다.

이런 사정을 알고 있던 나는 박사님을 가슴으로부터 존경하게 되었다. 그러나 그렇다고 가난한 환자들의 문제가 해결될 수는 없었다. 1968년 봄 어느날 장박사님과의 '성서모임'에서 나는 하나의 제안을 하게 되었다.

"박사님! 가난한 사람들의 치료비 문제를 해결하는 방법으로 덴마크의 의료조합 운동이나 미국의 청십자, 청방패 운동 같은 것이 있는데 우리도 그런 식으로 어떤 근본적인 해결책이 있어야 할 것 같습니다.”

내 말을 듣자 장박사님의 말씀이 “나도 이북에서 피난 오기 전에 그런 것을 경험했었다” 하시며 내 제안을 꽤 반갑게 받아들이셨다. 이렇게 시작된 것이 바로 청십자 운동의 시초였다. ‘건강할 때 병자를 돕고, 병들었을 때 도움받자!’는 구호하에 시작된 우리나라 최초의 의료 보험 운동이었던 것이다.

우리나라에서의 청십자운동은 1968년 5월 13일 부산 복음병원 원장 장기려 박사님을 중심으로 그 기틀을 잡아가게 되었다. 부산 지역에서 시작된 청십자 운동은 점차로 가장 생활수준이 낮은 노동자층과 빈민들 그리고 일반 사무직들을 중심으로 하여 그 구성원들을 확대하여 갔다.

한편 서울의 청십자 운동은 1970년 5월 19-20일 양일간에 걸친 크리스챤 아카데미에서 ‘사회복지와 의료보험’ 세미나 결과로 결성되었다. 언제든지 어디에서든 적은 돈으로 모든 치료를 받을 수 있게 하자는 취지였다. 그 내용은 일인당 이백원, 가족은 매월 천원을 회비로 내면 매년 정기적으로 건강 진단을 위하여 엑스레이 촬영, 혈액 검사, 치아 검진 등을 무료로 하는 동시에 회원들이 병이 나면 감기에서부터 입원 수술까지 무료로 치료받을 수 있게 하였다. 서울에 있는 지정 병원은 세브란스, 국립 의료원, 이대 부속 병원, 적십자 병원 등 10개의 종합 병원으로 확대되었다.

이렇게 우리나라 최초의 의료보험 운동은 장기려 박사님의 가난한 사람들에 대한 사랑으로 시작되어 큰 결실을 맺어갔고 나는 청십자 의료협동조합 전무로 그 운동의 최일선에서 실무를 총괄하게 되었다.

장기려 박사님의 바보라는 별명은 소설가 이광수가 지어 준 것이었다. 유명한 이광수의 『사랑』이라는 소설의 주인공 '안빈'의 실제 모델이 바로 박사님이셨는데, 박사님에게 결핵 치료를 받던 이광수가 "당신은 천재 아니면 바보야!" 했다는 것이다. 장박사님의 유명한 일화 가운데 또 하나는 김일성 마누라의 주치의를 지내며, 김일성 맹장염 수술까지 했다는 것이다.(나중에 그것은 사실이 아님이 밝혀졌다.)

이렇게 유명하신 박사님은 또한 의료인으로서 외과에서는 많은 업적을 남기신 분이셨지만 그분의 성품은 참으로 바보스러울 만큼 소박하셨다. 평생 홀애비로 사신 것도 그 때문이었다.

장박사님은 월남하면서 아내를 북에 냅두고 내려 오신 이후로 돌아가실 때까지 줄 곧 혼자 사셨다. 왜 재혼을 안하시냐고 물어 보면, 결혼을 한번 하면 됐지 뭘 두 번이나 하냐고 하시곤 했다. 내가 보기로는 많은 사람들이 물어 보니 농으로 하신 거겠지만, 실제로는 북에 두고 온 사모님에 대한 일편단심을 못잊어서 그러신 걸로 알고 있다. 물론 너무 바빠 재혼 생각을 할 겨를이 없어서이기도 했지만, 그것도 어찌 보면 딴 맘을 안먹기 위한 방편이었을지도 모를 일이다.

80년 대 초쯤, 오랜만에 남북 당국간에 대화의 문이 열렸을 때,

몇몇 유명 인사들 중심으로 이산가족을 상봉시켜 준다며 장박사님도 방북 제안을 받은 적이 있었다. 북의 사모님이 살아 있으니 한번 만나보시지 않겠냐고 한 것이다. 물론 사모님도 아들과 함께 혼자 사시고 있었다 한다. 그러나 장박사님은 단호히 거절하셨다. 이유는 간단했다.

"나 말고도 수많은 이산가족이 있는데, 소수의 사람만이 만나는 것은 의미가 없는 일이오. 이산가족을 전부 만나게 해 주든가 아니면, 북에서든 남에서든 우리 두 사람이 같이 살게 해주든가, 그렇지 않으면 나는 갈 이유가 없소이다" 하셨단다.

월남하여 새로 가정을 꾸린 사람도 만나고 싶어할 일인데, 하물며 반백년 가까이 혼자 사신 분이, 그것도 북의 사모님이 남편을 기다리며 혼자 사시고 있다는 얘기를 듣고서도 안 가시겠다고 한 것은 그만큼 항상 자신보다 남을 먼저 생각하시는 성품 때문이었다.

그렇게 박사님의 인생 행적은 너무나도 초라하고 서민적이었다. 1995년 12월 25일 86세의 생을 마감할 때까지 부산 복음병원 원장 40년, 복음 간호대학 학장 20년을 역임했음에도 집 한 칸 없이, 묻힐 공원묘지 한평 없이 떠나가신 분이었다.

최대의 유산

나는 꽤 유명한 사람이다. 농담 같지만 우리나라에서 나를 모른 다고 하면 혹시 간첩(?)으로 오해받을 수 있을 만큼 나는 별나게도 널리 알려진 인물이다. 이렇게 된 데에는 여러 가지 이유가 있다.

백원짜리 인생

그 가운데 유명한 대목이 '백원짜리 인생'이다. 낯선 다방이나 음 식점에 들어서기만 하면 마담이나 카운터들이 숨 돌릴 틈도 주지 않고 잽싸게 백원짜리 동전 한 닢을 주고는 제발 나가 달라며 밀어 낸다. 이유는 뻔하다. 다른 손님에게 혐오감을 준다는 것이다. 그러 나 실제로는 나를 문둥이 거지로 착각했기 때문이다.

나는 그 백원짜리 한 닢을 마다 않고 호주머니에 넣고는 기어이 들어가 손님 행세를 다한다. 어쨌든 그것도 나에게는 의외의 부수 입이니까. 그래서 나는 어떤 의미에서 특혜를 누리는 특권층이랄 수도 있다. 커피를 마시고 나올 때 남들보다 100원 싸게 내는 특권을 누리는 셈이 된다. 경우에 따라서는 커피 값 전액을 면제해주고 이 다음에 다시는 오지말아 달라고 간청하는 경우도 있다.

언젠가 '농춘문화연구회'가 주관한 강의를 하러 대천으로 가기 위해 서부역으로 갔다. 마침 시간 여유도 있고 해서 공중 화장실에 갔다. 당시에는 유료 화장실이어서 돈을 내야 볼 일을 볼 수 있었는데, 일을 마친 나는 화장실을 나서면서 사용료 5원을 내기 위해 10원짜리를 내밀었다.

이 돈을 받아쥔 뚱보 아주머니는 나를 아래 위로 넋 없이 훑어보고는 하는 말이 웃긴다.

"아저씨, 먹고 살기도 어려운 주제에 무슨 돈을 내시오."

동정 어린 눈으로 돈을 되돌려 주었다. 간판이야 비록 구겨지고 험상스럽게 생겼지만 한달에 강의료만도 대학 교수 수입을 능가하는 나의 재력(?)을 그녀가 알 턱이 없었으니까. 어쨌든 이날도 5원의 부수입을 올렸다.

나는 이같은 오해와 천대를 하루에도 수없이 받으며 살고 있는 사람이다. 그러나 엄밀히 따져서 나는 '백원짜리 인생'은 아니다. 왜냐하면 나는 내 흉칙스런 몰골이나마 이 정도를 갖게 된 데에는 엄청난 밑천이 들어간 사람이기 때문이다.

이런 몰골과 밑천과 나의 삶이 엮어가고 있는 오늘의 나의 인생에 결정적인 운명을 돌려 놓은 것은 29년 전 일이다. 나는 29년 전 어느날 불의의 자동차 사고를 만나 전신에 50%의 3도 화상을 입었다. 그때 들어간 치료비와 숱한 사람의 정성어린 헌신과 노력의 대가를 따진다면 정말 엄청난 금액이요, 은혜의 결정체가 오늘의 내 모습이기도 하다. 남보다 많은 밑천을 들였으니 남보다 더 귀한 대접을 받아 마땅하건만 되레 남보다 아픈 천대와 괴로운 수모를 감수해야 하는 '100원짜리 인생'이라니 참으로 아이러니컬한 일이다.

사명을 다하기까지 죽지 않는다.

그때 내 나이 서른한 살이었다. 나는 젊었고 여러 가지 꿈도 갖고 있었다. 덴마크에서 돌아와 농촌 운동을 본격적으로 시작하려고 계획하던 즈음에 평소 나를 아껴 주시던 세기건설 오형범 사장님이 20만 마리 정도 들어갈 수 있는 우리나라에서 가장 큰 양계장을 부산 가까이에 있는 김해군 대저면에 건축하게 되었다.

그런 사실을 동래에서 양계를 하던 P씨가 알고 나한테 그 곳을 견학시켜 줄 수 없겠냐고 연락이 왔다. 오 사장님도 쾌히 승낙하여 그 친구들의 차로 김해의 그 농장을 향해 떠났다. 그날이 바로 내 운명이 바뀌는 무서운 날이 될 줄은 꿈에도 생각지 못했다.

1968년 10월 30일, 맑게 개인 가을 하늘 아래 미풍이 하늘거리고 누구에게도 흥분을 안겨줄 정도로 좋은 가을 날씨였다. 우리 일행은 멋진 드라이브를 시작했다. 복잡한 부산 도심을 빠져서 구포다리를 건너자 넓은 김해 평야의 황금 물결이 더욱 우리들의 기분을 즐겁게 해 주었다.

예정대로 양계장을 견학하고 부산 시내로 들어오는 길이었다. 우리는 시내 토성동에 위치하고 있는 기독교 사회관에서 열리는 회의에 참석하기 위해 지름길을 택한다는 것이 엄궁으로 해서 하단을 돌아 괴정으로 빠지는 험한 길을 택하게 되었다.

　그 당시만 해도 그 길은 부산에서도 소문이 날 정도로 험난해 차량 통행도 별로 없는 길이었다. 다니는 차라고는 시멘트 공장에서 모래를 나르는 트럭이나 아니면 몇 시간만에 한번씩 들어오는 시내버스 정도로 한산한 길이었다.

　엄궁에서 하단으로 돌아오는 산 비탈에서 우리 일행이 탄 봉고형 독일제 폭스바겐이 기우뚱 앞 머리부터 기울어지기 시작하더니 약 10여미터 되는 언덕 밑으로 구르기 시작했다.

　"큐 브레이크!"

　옆에 탔던 친구가 소리를 질렀다.

　갑자기 브레이크를 잡자 차는 더 잘 구르기 시작했다.

　우리가 타고 있던 그 차는 부산에 있는 영아원 차로 운전하던 사람은 기사가 아니고 그 고아원 선생이었다. 물론 운전에 익숙하지 못한 탓도 있었지만 그날따라 공교롭게도 차 뒷좌석에는 새로 지은 영아원 방바닥을 칠하기 위해 '신나'가 실려 있었다. 그것도 큰 통으로 두 통이나….

　차가 전복이 되면서 차속에 있던 신나 두 통이 전부 터져 버렸다. 우리들은 머리 끝부터 발끝까지 온통 신나를 뒤집어 썼고, 이 신나가 차속에서 가스로 증발되어 엔진에 닿자마자 "펑" 하고 폭발하고 만 것이다.

　우리들 온몸은 불길에 휩싸이기 시작했다. 바로 내 옆에서 핸들을 잡고 있던 사람은 문을 재빨리 열고 비행사가 비상탈출을 시도하듯 뛰쳐 나가고 나는 다음으로 뒤를 따라 나오려고 했으나 문이 도통 열리지 않았다.

그 순간이었다. 내 머리 속에서 몇 가지 생각들이 필름처럼 스쳐 지나 갔다. 이 불속을 어떻게 해서든 뚫고 나가서 살것이냐? 아니면 그냥 타죽고 말 것이냐? 두 가지 중에 하나를 선택하지 않으면 안되었다.

그때 내 마음 속에 제일 먼저 떠오르는 것은,

"내가 만일 이 불속에서 타 죽는다면 아내는 어떻게 될까?"

하는 생각이었다. 원래부터 충효 사상이 부족해서 그랬는지 부모님 생각이나 친구들 생각은 나지 않았다.

그 다음으로 드는 생각이,

"사람이 죽은 다음에 천당이라는 게 있을까?"

라는 것이었다.

다음 마지막으로 떠오르는 생각이 바로,

"아직 할 일이 많은데…!"

였다. 이 생각에 이르자 그 순간 나는 살아야 겠다는 강한 충동이 일어나더니 그제서야 다시 힘이 솟았다. 옆에 있던 창문을 힘껏 발길로 차고 뛰쳐 나왔다.

그때 뒷 좌석에 탔던 두 사람들은 아직도 문을 찾지 못하고 차속에서 사람 살려 달라고 아우성을 치고 야단이었다. 역시 사람이라는 게 그렇지 않은 모양이었다. 그 비명을 들으면서 그냥 있을 수가 없었다.

다시 또 그 차속으로 들어가서 한 사람을 끄집어 내고 나오니까 더 이상은 들어갈 수가 없었다. 머리에서 발끝까지 불이 붙기 시작하는데 두 손으로 아무리 털어도 불은 영영 꺼지지 않았다. 나도 별 도리가 없었다. 그때부터 소리를 지르기 시작했다.

"사람 살려 주세요! 살려 주세요!"

마침 아래 논에서 가을 벼 바슴을 하던 농부들이 그 광경을 보고 뛰어 왔다. 한 농부가 어디서 구했는지 몰라도 헌 가마니 하나를 갖고 와서는 거기에 나를 눕혀 놓고 자기들이 입었던 옷들을 벗어 가지고 내 몸을 감싸서 불을 꺼 주었다. 그리고 가마니 째로 들어서 큰 길 위에 올려 놓아 주었다. 그때만 해도 내 의식에는 아무 지장이 없었다. 생각은 그대로 뚜렷했다.

길가에 가마니 위에 누워서 가만히 생각해 보니 앞으로 두어 시간 동안은 살 수 있을 것 같았다. 그런데 그 두어 시간 동안 무엇을 할 것이냐 하는 것이 문제였다. 집에 가도 소용이 없을 것 같고, 병원에 가도 소용이 없을 것 같았다. 그러나 사람이 살면서 자기가 하던 일이라는 것이 역시 중요한 모양이었다.

덴마크에서 돌아와 부산에서 시작한 몇 가지 일들이 있었다. 그 중 하나가 장기려 박사님과 함께 시작했던 청십자(靑十字) 운동이었다. 그리고 또한 장박사님과 같이 했던 『부산모임』이라는 잡지도 있었다. 이 일들만은 장박사님께 맡기고 유언이라도 하고 죽어야겠다고 생각했다.

지나가는 택시들을 향해 아무리 손을 흔들어도 도망가느라 바빠 세워주는 택시가 없었다.

"사람이 죽어가는데 도망가다니…! 덴마크에서는 이러지 않아!"

아무리 고함을 쳐도 그들에게 들릴 리가 없었다. 트럭도 자가용도 모두 지나쳤다. 그러는 사이 약 30분 정도 흘렀다.

이상하게 오른쪽 눈의 시력이 숯불처럼 빨갛게 되더니 사르르 꺼져 버렸다. 아마도 자동차 앞 유리창이 깨어지면서 파편이 오른쪽 눈동자를 파괴시켰던 모양이다. 그때부터 지금까지 오른쪽 눈은 실명하고 의안을 했다.

그렇게 누워 30분 정도 지나니까 그 동네 파출소에서 경찰이 연락을 받고 뛰어 왔다. 경찰은 지나가던 택시를 강제로 세우고는 안에 탔던 손님을 다 내리게 하고 나를 가마니 채로 태워 보냈다. 그때까지도 의식은 있었다. 그 택시를 타고 하단을 거쳐 괴정을 지나고 감천 고개를 넘어서 장박사님이 계시는 복음병원으로 향했다.

감천 발전소를 지나 고개를 넘어가는데 이상하게 내 마음속에 들려오는 소리가 있었다. 일종의 계시 같은 것이었다. 고등학교 시절에 읽었던 『리빙스턴』이라는 책의 내용이었다. 그 중에 잊을 수 없는 구절 하나가 내 마음속에 뚜렷하게 들려왔다.

"사람은 자기 사명을 다하기까지는 죽지 않는다."

이 소리가 들려오자 나는 그때부터 이상하게도 죽음에 대한 불안이나 공포가 사라지고 그렇게 마음이 안정될 수가 없었다. 그러자 자신이 생겼다. 아직도 할 일이 있는 한 나는 죽지 않을거야!

나를 거울로 지켜보던 기사 아저씨가 좀 이상했던 모양이다. 불에 타서 새까맣게 숯이 된 사람이 정신은 말짱해 가지고 길도 제대로 안내하고 이야기도 제대로 하니까 나한테 하는 말이,

"당신은 죽지 않겠소"

하는 거였다.

어느 사이에 감천 고개를 넘어 복음병원이 나타났다. 기사 아저

씨는 나를 병원 응급실 앞에 내려 놓고는 급히 사라져 버렸다. 감사하다고 인사할 틈도 없이.

혼자 들어갈 수도 없고 그렇게 병원 문앞에 있으면서 나는 또 기다려야 했다. 그 당시에 나는 복음병원에 속해 있는 간호대학에서 강의를 했었는데 옆으로 지나가는 학생도 나를 알아보지 못하길래 내가 먼저 불렀다.

"너 순옥이 아니냐?"

"누구세요?"

"내가 바로 채규철이다."

그제서야 그 친구는 놀라면서 하는 말이

"아이고마 선생님, 어찌된겁니까?"

하면서 울며 뛰어 들어가 채 선생님이 사고 당했다고 소리를 질렀다. 들 것을 가지고 나와 나를 응급 처치실로 데리고 갔다.

나는 응급 처치실에서 다른 생각은 할 수가 없었다. 빨리 원장인 장박사님을 만나서 이미 시작한 의료협동조합 운동과 잡지를 내는 것 등 몇 가지 일만은 꼭 해달라고 유언이라도 하고 나서 죽어도 죽어야겠다는 생각뿐이었다.

응급 처치실 수술대에 눕자마자 나는 간호원에게 장박사님을 빨리 불러 달라고 했더니 지금 시내에 회의하러 나갔다는 것이다. 빨리 좀 찾아 달라 하고 수술대에 누워 있으니, 간호원들과 의사 선생님들은 완전히 총비상이었다.

그때 간호원들은 나와 함께 간호대학에서 강의를 하던 선생님들로 나하고는 아주 각별히 친하게 지내던 분들이었다. 그러다보니 의사 선생님들이 핀셋트, 실, 약 등을 가져 오라고 명령을 내리는데도 눈물이 앞을 가려 일을 제대로 할 수 없었다고 한다.

얼마나 지났는지 잘 모르지만 드디어 원장님이 연락을 받자마자 뛰어 오셨다.

"채선생! 어떻게 된거요?"

"대저에 갔다 오다 엄궁에서 사고 났는데 앞으로 제가 몇 시간을 더 살지 모르지만 박사님하고 시작한 청십자 하고 잡지 내는 일만은 끝까지 성공시켜 주세요."

유언 비슷하게 하고 나는 그대로 수술대 위에 누워 있었다. 우선 화상 입은 자리를 소독해야 하고 또 한쪽 눈동자가 다 파괴되었으니 그것을 수술해야만 했다.

불행하게도 당시 복음병원에는 안과가 없었다. 그러니 할 수없이 부산대학 병원 안과 과장님으로 계시던 박 박사님에게 급히 연락했다.

그때 병원으로부터 나의 사고 소식을 듣고 아버지와 어머니가 병원에 오셨다. 아내에게는 갑자기 충격을 받을까봐 거짓말 하고 …. 어머니는 응급실 문을 열자마자 자식 불탄 모습을 보고는 그 자리에서 기절하시고 그래도 아버지는 역시 남자의 담력으로 내 옆에 다가와서 이름을 부르시는 거였다.

내 평생에 아버지의 눈물을 본 적이 그때가 처음이었다. 희미한 한쪽 눈으로 보이는 아버지의 눈물, 그것이 무엇을 의미했는지 나는 아직도 잘 모르겠다. 그것은 아마 다할 수 없는 안타까움과 부모님들이 내게 걸었던 기대감이 무너져 내리는 눈물이었으리라.

이북에서 피난 내려와 혼자 17세의 어린 나이로 서울에서 고학을 하면서 온갖 고생 다 해가며 대학도 졸업하고, 외국 유학도 다녀오고, 이젠 뭔가 우리 사회를 위해서 일을 할 줄 알았는데 불에 타가지고 다 죽게 되었으니 억울하기도 하고 기가 막히기도 했을 것이다. 게다가 아내와 네 살짜리 큰놈, 금방 출산한 둘째놈, 저것들을 어떻게 하라고 이렇게 되었느냐 하는 온갖 실망과 좌절과 걱정과 근심 등등 복합적인 의미가 있었을 것이다. 나는 아버지의 울음 섞인 목소리를 듣는 순간 그렇게 나 자신이 미워질 수가 없었다. 아마도 아버지의 눈물은 자식들에게 함부로 보여 줘서는 안되는 것인 모양이다.

그렇게 응급 처치를 하는 데에도 6시간이나 걸렸다고 한다. 그리고 나서 병실에 갖다 눕혔다.

화상과의 싸움

나는 응급 처치실에 들어오자마자 아직도 두 사람이 현장에 그대로 있으니 병원의 구급차를 사고난 지점에 빨리 보내라고 하였다.

내가 차에서 꺼내 주었던 사람은 바로 그 구급차로 병원에 실려왔다. 곧 내 뒤를 이어 응급 처치를 받고 옆 침대에서 하루밤을 지낸 후 세상을 떠나고 말았다. 그는 밤이 새도록 화상으로 인한 통증을 못참아 운전하던 사람을 원망하고 저주하고 후회하다가 그만 세상을 영영 이별했다. 다른 한 친구는 현장에서 구출되지 못하고 그 자리에서 타 죽고 말았다.

그리고 내가 남았다. 하루 이틀이 지나고 일주일이 지나자 의사들도 거의 포기한 상태가 되었다. 왜냐하면 화상을 입으면 세 가지가 가장 중요하다.

첫째는 세균 감염이다. 화상 환자들은 완전히 무균 처치를 해주어야 하는데 그때만 해도 복음병원은 작은 병원이었기에 그런 시설이나 약품이 거의 없었다. 의료용 소독 비누도 없을 정도였으니까….

두번째로 중요한 것은 탈수 현상이다. 화상 환자들에게 가장 중요한 것은 몇 퍼센트 정도의 화상이냐 하는 것이다. 그 당시 장박사님의 계산에 의하면 3도 화상으로 전신의 약 50%라고 추정할 정도였다. 3도로 50%라고 하면 마치 양동이의 반이 구멍이 뚫렸다는 이야기와 같다. 온몸의 체액과 수분이 전부 체외로 배출된다는 이야기다.

우선 탈수 현상을 막기 위해 혈관이 나타나는 곳마다 하루 종일 링겔, 포도당 주사를 계속해도 수분의 공급이 모자랐다. 설상가상으로 몸이 배 이상 부풀어 올라서 혈관을 찾을 수 없었다. 나를 담당했던 의사 선생님들이나 간호원들도 혈관이 나타나지 않으니까 링겔 주사를 제대로 놓지 못했다. 그런데 유독 구 간호원만은 침착하게 정확히 주사를 놓았기 때문에 으레 주사 놓을 때면 구 간호원을 급히 찾아야 하는 소동을 벌이지 않으면 안되었다.

타버린 상처 부위로 체내의 수분만 빠지는 게 아니었다. 몸속의 영양분도 함께 배출이 된다. 그 중에서도 몸에 필수적인 단백질의 유출은 치명적이다. 이러한 영양분을 보충하기 위해, 또 함께 손실

최대의 유산

되는 혈액을 보충하기 위해서는 고가의 알부민 주사를 맞아야 살
수가 있다고 한다. 그런데 그런 주사약이 당시 우리나라에서는 생
산되지 않았다. 유일하게 구할 수 있는 곳은 국제시장 약품 도매상
이었다. 암거래로 미군 부대에서 흘러나오는 것을 구하기 위하여
며칠씩 도매상을 헤매야 했다.

그 외에 수혈하는 것은 말할 것도 없었다. 우리 온 가족은 물론
나를 아껴주는 수많은 친구들이 동원되었다. 서울에서, 진해에서
그리고 부산 시내에서, 나에게 필요한 약을 공급하기 위해 비행기
로 일본, 미국 등지에서까지 공수하여 주었다. 아마도 나는 그들의
성의와 정성과 기민한 작전이 아니었다면 이 지구상에 존재하지
않았을 지도 모른다.

그 다음 마지막으로 중요한 것은 환자 자신의 문제이다. 환자 자
신이 얼마나 살아야겠다는 의지가 있느냐 없느냐에 따라 살 수도
죽을 수도 있다. 그때만 해도 우선 사는 데까지는 살아 봐야겠다고
생각했다. 아직도 할 일이 많은데 그저 이 세상에 재만 남겨 놓고
갈 수는 없었다.

우선 입에 빨대를 물고 계속 열심히 마셔야 했다. 물을 갖다 주
면 물을 마시고, 주스를 갖다 주면 주스를 마시고, 우유를 갖다 주
면 우유를 나는 혼신의 힘을 다해 마셨다. 장 박사님은 매일 같이
수분 섭취량과 소변으로 배설되는 양을 체크했다. 만약에 그 밸런
스가 깨지면 죽는다는 것이다.

나는 생사의 분기점에서 생각했다. 눈에도 보이지 않는 미세한
세균들한테 패배할 수는 없지 않은가? 그래도 만물의 영장인데….

수분이 모자라면 죽는다는데 마시는 것쯤 못할 게 뭐 있겠는가? 열심히 마셨다. 그것보다 더 견디기 어려웠던 것은 상처에서 오는 통증이었다. 이것은 화상을 입어 보지 못한 사람은 도저히 상상도 할 수 없는 것이다. 통증을 참고 견디지 못하면 화상을 이길 자격이 없다. 통증이 적을 때는 아픔을 느끼지만, 고통이 워낙 클 때는 아픔을 넘어서 환상이 보이기 시작한다.

그래서 나를 간호해 주던 어머니, 아내 그리고 간호원들이 수많은 곤욕을 치뤄야 했다. 얼굴, 손, 팔다리를 마치 미이라처럼 총총히 감아 놓은 붕대를 하루에도 몇 차례씩 풀어 달라는 것이었다. 왜냐하면 누가 와서 온몸에 바늘을 뿌려 놓기 때문이라는 것이다.

옆에서 내 시중을 드는 사람들은 남의 사정도 모르고 나에게 핀잔을 준다.

"바늘을 뿌리기는 누가 바늘을 뿌려! 우리가 전부 여기 있었는데"

그럼 나도 소리 지른다.

"어떤 놈이 금방 뿌리고 갔는데 그걸 못봤단 말야?"

나를 타이르고, 설득하고 마지막에는 애원까지 하다가 정 지치면 할 수 없이 당직 간호원을 부른다. 아침에 정성껏 해 준 드레싱을 전부 풀어야 하기 때문이다. 바늘이 하나도 없다는 것을 확인한 후에야 다시 원상태로 드레싱을 했다.

이와 같은 통증은 이 지구상에서 별로 맛볼 수 없는 아마 지옥에서나 경험할 수 있는 것이라 해도 과장이 아니리라. 그 모든 일들을 묵묵히 참고 이겨 준 간호원들이 없었다면 나는 아마 좌절해 버렸을지도 모른다.

한 사람의 생명을 소생시키는 일이 이렇게 힘들 줄 누가 알았으랴? 그것은 그리스도의 희생적인 사랑과 인내가 없다면 전혀 불가능한 일이다. 우리가 인생을 살면서 별 문제가 없을 때는 이런 사랑은 없어도 된다. 그러나 생사의 갈림길에 서 있을 때는, 그런 깊고 성숙된 사랑이 없이는 죽음을 이겨낼 수 없는 법이다.

이때가 화상 환자들에게 가장 힘든 고비다. 화상 환자의 생사는 이때에 결정된다.

하루에도 몇 번씩 죽었다 깨었다 하니 장박사님도 영 자신이 없었던 모양이다. 그는 우리나라에서 최고로 수술을 잘하는 외과 의사 가운데 한 사람이었다. 그런 분이 자신 없다고 포기하면 그것은 끝나는 일이었다. 하는 수없이 장박사님은 부산에서 제일 큰 병원의 의사를 불렀다.

부산 초량에 있는 침례병원의 외과 과장인 테보라는 미국 의사였다. 이분을 병실에 모시고 와서 마지막 상의를 하는 것이었다. 장박사님께서 하시는 말이,

"우리 복음병원에는 화상에 대한 약도 없고, 전문적인 의사도 없고, 시설도 부족하니까 시설이 좋은 당신 병원에 입원시키면 혹시 살릴 수 있을지 어떻게 알겠는가?"

하는 것이었다.

그 말을 듣고 테보 박사가 내 상처를 다 보고 나더니 하는 첫마디가

"가망없다(hopeless)"

고 하는 것이 아닌가.

"우리 병원에 모시고 가도 도저히 살릴 자신이 없으니, 이 병원에서 그대로 치료하는 도리밖에는 없겠습니다"

하는 것이었다.

다시 묻는 장박사님의 말,

"혹시 목숨만이라도 살릴 수는 없을까요?"

"목숨만이라도 살리려고 하면 꼭 한 가지 방법밖에 없습니다."

"그것이 무엇입니까?"

"팔 다리를 몽땅 절단하면 목숨만은 살릴 수 있을지 몰라도 우리 병원에 모시고 가기에는 너무 시간이 늦었습니다."

나는 침대에 누워 그들의 영어 대화를 다 들을 수 있었다. 모르는 게 약이라고 오히려 영어를 몰랐다면 마음이나 편했을 텐데, 팔 다리를 몽땅 자르자는 데는 미칠 지경이었다. 차라리 죽는 편이 더 나을 것 같은 심정이었다.

그때가 나에게는 굉장히 중요한 순간이었다. 내 운명을 결정짓는 중대한 기로였던 것이다. 그때 보니까 한국 의사와 미국 의사는 정신적인 자세가 달랐다. 그 말을 들은 장박사님은 한마디로,

"안돼요(NO)!"

라고 말하였다.

그것은 못하겠다. 사람의 팔 다리를 다 잘라놓고 목숨만 붙여 놓으면 그 사람이 무슨 인간 구실을 하겠느냐는 것이었다. 그리고 나서 장박사님은 결심을 하셨다.

"사람의 목숨이란 하나님 손에 달려 있는 것이야! 우리가 할 수

있는 데까지 최선을 다해 보자"

하시는 것이었다. 역시 장박사님은 독실한 크리스찬이셨다.

나는 지금도 그 순간을 생각할 때마다 온몸으로 전율을 느끼지 않을 수 없다. 한 의사의 결단에 따라 이렇게 한 사람의 운명이 달라질 수도 있구나 하는 무서운 생각도 든다. 한 인간의 생각이 긍정적으로 가느냐 부정적으로 가느냐에 따라 마치 백두산 천지에 떨어진 한방울의 물이 압록강으로 갈 수도 있고 두만강으로 갈 수도 있는 운명의 갈림길인 것이다.

그 다음에 장 박사님은 옆에 있던 의사들과 간호원들에게 부탁을 하신다. 내가 없더라도 매일 아침 병원에서 예배를 볼 때마다 채선생을 위해서 기도해 주는 것을 잊지 말라는 것이었다.

장박사님은 그렇게 환자들의 수술과 병원 업무에 바쁘신 데에도 불구하고 매일 같이 두 시간, 세 시간씩 내 병실에 들어와 정성껏 나를 드레싱 해 주었다. 또 내가 가르치던 간호대학 학생들도 자기들끼리 팀을 짜가지고 나를 24시간 동안 정성껏 간호해 주었다.

또한 부산에 있는 교회의 나를 알고 있던 수많은 교인들은 매일 같이 교회에 가서 철야 기도를 해 주었다. 그렇게 기적적으로 가장 큰 고비인 한달을 버티는 데 성공했다. 나는 테보 박사의 말과 달리 목숨을 건지는 데 성공할 수 있었다. 주위 사람들의 정성과 사랑의 힘으로….

예쁜이 수술(?)

생사의 갈림길 한달을 넘기고 나자 장박사님은 또 수술을 하자고 했다. 피부 이식 수술이었다. 이젠 생사의 고비도 넘기고, 상처의 부기도 **빠졌으니** 성한 피부를 떼어다가 상처에 이식하는 수술을 하자는 것이다.

주로 가슴, 배, 엉덩이의 피부를 떼서 손, 팔, 다리, 얼굴에까지 붙이는 것이다. 피부를 떼려고 하면 기계가 있어야 하는데 그때 복음병원엔 그런 기계가 하나도 없었다. 몇 미리 두께로 몇 센티를 떼어야 겠다 하고 슬쩍 기계로 긁으면 되는 일을 기계도 없으니까 장박사님과 조수로 있던 김생수 박사님 두 분이 면도칼날을 소독하여 피부를 떼어내야 했다.

떼어 낼 때는 아픈 것은 잘 모르겠는데 써걱써걱하는 소리가 들릴 때마다 등골에서 식은 땀이 절로 흘러 내렸다. 그렇게 복음병원에서 3개월 동안 수술하고 부산 서면에 있는 하야리아라는 미군 제11 후송병원에 입원하게 되었다. 나와 같이 부산에서 지역 사회 운동을 하던 미국 친구가 그 부대에서 근무했는데 사고 소식을 듣고 난 후 어떻게 해서든지 나를 살려내기 위해 병원장에게 말하여 부대 병원에 특별히 입원하게 된 것이다.

미군 병원에는 우리 한국 병원에 없던 약이나 시설이 없는 것이 없을 정도로 잘 갖춰져 있었다. 입원하고 나니 오웬스 대위라는 외과 군의관이 나를 담당했다. 이 친구는 웃기는 사람이었다. 나를 진찰하고 나더니 내게 하는 첫마디가,

"당신은 참 놀라운 사람이오(You are Remarkable man)"

라는 것이었다. 그러면서

"이것은 기적이요(It's a miracle)"

라는 거였다. 자기도 의사 생활을 하면서 이 정도의 화상 환자는 처음 보았다는 것이다.

그 다음부터 오웬스 대위가 계속 피부 이식 수술을 했다. 그런데 이 수술이 좀처럼 까다로운 게 아니었다. 왜냐하면 다른 데 피부를 떼어다 붙이려면 최소한 보름 동안은 꽁꽁 묶어 놓고 움직이지 못하게 해야 하는데 혹시라도 균이 침투하면 이식한 피부들이 다 떨어져서 다시 해야 하기 때문이다.

그래서 피부 이식을 해 가지고 보통 80% 성공하면 그것은 대성공이다. 그런데 나는 이상하게도 피부를 떼어다가 아무데나 붙여도 거의 90~95% 성공이었다. 그랬더니 이 미군 군의관은 신이 나서 시간이 나기만 하면 내 피부를 떼어 열심히 이식한 결과 그 미군병원에서 만 3개월 만에 퇴원할 수가 있었다. 외상이 거의 다 나았기 때문이다.

그렇게 치료를 잘 받고 퇴원해 나왔지만 얼굴이고 손이고 발이고 모두 엉망이었다. 눈과 눈썹도 다 타서 없어지고 손은 손대로 오리발처럼 엉켜 붙어 쓸 수 없게 되었고 발도 마찬가지였다.

그 다음부터 성형수술, 곧 예뻐지는 수술을 하는 것이었다. 당시 원주 기독병원에는 로스 박사라는 미국 의사가 있었는데 이 분이 성형외과 전문의였다. 수술을 잘 한다는 소문이 부산까지 날 정도였다. 나는 일부러 부산에서 원주 기독병원까지 가 입원을 했다.

로스 박사가 하루는 나를 부르며

"이제부터 당신의 얼굴 수술을 좀 해야겠는데 다치기 전에 제일
잘 나온 얼굴 사진을 갖다 달라"

는 것이었다. 수술할 때 필요하다는 것이다.

나는 그에게 수술하는 데 무슨 사진이 필요하냐고 반문했다. 어
쨌든 그것이 필요하니 가져 오라고만 하는 것이었다. 할 수없이 아
내에게 옛날 사진을 한 장 가져오라고 했다.

사진을 갖다 줬더니 그것을 크게 확대하여 수술할 때마다 옆에
갖다 놓고 들여다 보며 그 옛날 얼굴과 비슷하게 만든다는 것이 지
금의 이 모습이 된 것이다. 지금 이 정도로 된 것만 해도 그렇게 다
행일 수가 없다. 전혀 얼굴이라고 할 수 없었던 몰골을 이만큼 새
로 만들어 놓았으니 말이다.

성형외과 의사들은 단지 기술자만이 아니다. 그들이야말로 또
하나의 예술가들이다. 그 중에서도 살아 있는 작품을 만드는 예술
가들이다. 세계에서 나처럼 얼굴 화상을 입고서도 나만큼 멋있게
생긴 사람이 나 하나밖에 없다면 내가 세계에서 가장 위대한 걸작
품일지 누가 알겠는가?

범사에 감사하라.

이렇게 불에 탄 얼굴이 되었지만 그래도 나 나름대로 그렇게 편
리한 것이 많을 수가 없었다.

청십자 일을 할 때 내가 살고 있는 잠실에서 사무실이 있는 충무
로까지 나는 버스를 타고 출퇴근했다. 당시에는 버스에 차비를 받
는 안내양이 따로 있던 시절이었다. 사무실로 가기 위해 명동 입구

에서 내릴 때 잔돈을 계산해 주면 안내양은 나의 갈쿠리 같은 손을 보고선 뒤쪽으로 멀찌감치 물러서며 하는 말이,

"차비고 뭐고 다 필요 없으니까 그냥 내리라"

는 거였다. 그럼 나는 공짜 버스를 타게 되는 것이다. 그러니 나에게는 쬐그만 자가용이 아니라 대형 자가용을 맘대로 타고 다닐 수 있었으니 이 얼마나 편리한 일이냐.

뿐만이 아니다. 여행을 가도 나는 참으로 편하게 간다. 왜냐, 3등 좌석권을 갖고 타기만 하면 항상 일등 손님 대접을 받기 때문이다. 몇 년 전에 부산에 있는 극동 철강에서 교육이 있으니 강의 부탁한다는 청탁이 왔다. 통일호 기차에 3등 좌석권을 갖고 내 자리에 올랐는데 마침 한 신사가 내 옆에서 두리번 두리번 거리고 있었다. 그의 좌석 번호가 숙명적이게도 바로 내 옆좌석이었던 것이다. 가방과 코트를 선반위에 올려 놓고 옆에 점잖게 앉고는 내 모습을 위에서 아래까지 훑어 보더니 기분이 영 안좋은 모양이었다. 그리곤 담배 한 까치 물더니 심사숙고에 들어간다.

부산까지 6시간이나 걸리는데 이 문둥이하고 같이 앉아서 갈 것이냐, 아니면 차라리 서서 갈 것이냐? 둘 중에 하나를 선택하기 위해 고민하는 것이다. 아무리 따져 봐도 도저히 부산까지 함께 갈 자신이 없었던 모양이다. 슬며시 가방과 코트를 갖고 사라지고 만다. 그럼 나는 편안하게 두 좌석을 혼자 앉고 부산까지 갈 수 있게 되는 것이다.

이렇게 남자들은 심사숙고하느라 동작이 좀 느리지만, 여자들은 심사고 숙고고 없다. 그냥 나를 보자마자 쏜살 같이 도망가버린다.

충남 홍성에 있는 제자들이 홍동면에 와서 강연회를 부탁한 적이 있었다. 그날은 마침 아내와 아들놈까지 셋이 동행하게 되었다. 모든 행사를 무사히 마치고 서울로 올라 오는 길이었다. 수원까지 서서 오다 보니 도저히 안되겠어서 우리는 전철을 타고 올라가기로 했다.

전철역에 와보니 여기도 만원이었다. 그래도 나와 아내는 재빨리 자리를 잡았는데 아들놈의 자리가 없어 그냥 서서 갈 수밖에 없는 상황이었다. 그러나 또 기회는 찾아 왔다.

내 옆에 앉아 있던 중년 부인이 나를 보자마자 잽싸게 핸드백을 들고 일어 나서 다른 칸으로 사라지는 게 아닌가. 그래서 나는 아들놈 보고

"야 자리 생겼다. 여기 앉아라"

"너 임마, 그래도 애비 잘 만난 덕인줄 알아라!"

하며 우리는 웃느라 정신이 없었다.

오랜만에 만난 친구들에게 이런 재미난 이야기들을 해주면 처음에는 앙천대소를 한다. 그러나 술이 얼큰하게 취하면 나에게 충고를 하는 친구도 있다.

"너는 그런 일 갖고 비관해서는 안된다"

는 것이다. 그러면 옆의 다른 친구는,

"너는 살면서 참 불평이 많겠다. 가는 곳마다 하찮은 사람들한테 그렇게 멸시받고, 소외당하고, 천대를 받으니 얼마나 불평이 많겠나?"

하면서 나를 동정하는 것이다.

그럼 나는 그들을 혼을 좀 내준다.

"그래, 내가 지금까지 살아오는 동안 불편한 것은 있어도 불평을 해 본 일은 없는 사람이야. 나야말로 참으로 다행스러운 것이 많고 감사 드릴 조건을 많이 갖춘 사람이라는 거야, 이 사람들아."

그리고 그 이유를 나는 자세히 설명해 준다.

내가 가장 좋아하는 성경 구절이 하나 있다.

'항상 기뻐하라, 쉬지말고 기도하라, 범사에 감사하라!'(살전 5:16-18)

이 중에서 범사에 감사하라는 말씀이 항시 내 마음을 이끈다.

우리가 살면서 감사 드릴만한 조건이 되었는데도 그것을 모르는 사람은 좀 문제가 있는 사람이다. 어딘가 좀 모자라든지, 아니면 정신이 건전하지 못하든지 뭔가 문제가 있는 사람이다. 그러나 여기 성경 말씀은 감사 드릴 조건이 되었을 때만이 아니라, 전혀 그럴 조건이 안되는 속에서도 감사를 드려야 한다는 그런 의미다.

세상을 살다보면 예기치 않았던 불행도 온다. 사업을 하다 실패도 하고, 나처럼 뜻밖의 사고를 당할 수도 있다. 그런 속에서도 감사를 하면서 살아야 한다는 하나의 엄숙한 명령인 것이다. 이 같은 마음 가짐은 요즘 말로 '적극적인 정신 자세 또는 긍정적인 정신 자세'를 말하는 것일 게다.

우리가 어떤 정신 자세를 갖느냐, 긍정적이냐, 아니면 부정적이냐에 따라 한 사람의 운명이 바뀔 수도 있는 것이다.

언젠가 대구에 있는 금호호텔에서 큰 불이 난 적이 있다. 그 불을 낸 박장수라는 사람은, 왜 불을 냈냐고 경찰이 심문하니까 화가 나서 그랬다는 것이었다. 그 이유를 알아 보니, 이 친구는 자기가 다니던 공장에서 불이 나 얼굴에 화상을 입었다고 한다. 다른 데 화상을 입으면 그래도 괜찮은데 얼굴을 화상 입은 사람들은 좀 문제가 있다. 왜냐하면 가는 데마다 문둥이로 오해받아 다방이나 식당에 들어가면 백원짜리 한 닢을 던져주며 나가라고 밀어내니 화가 안날 수가 없기 때문이다. 그래서 불을 질렀다는 것이다.

이렇게 우리는 어떤 정신 자세를 갖느냐에 따라서 엄청난 사건도 저지를 수 있는 것이 인간이라고 생각한다.

어느날인가 점심 먹기 위해 단골 음식집에 간 적이 있다. 설렁탕 한 그릇을 시켰는데 아가씨들이 음식 나르는 일은 잊은 채 지들끼리 "기다" "아니다"하며 싸우고 있었다. 얘기를 물어 보니 내 머리칼이 가발이냐 진짜냐 갖고 싸우는 것이다.

내 머리는 가발이 아니고 진짜 머리칼이다. 이것도 역시 기적 같은 이야기다. 처음엔 머리칼도 모두 타 없어지고 머리 속에서 몇 달 동안 고름이 나오다가 싹 아물더니 이렇게 머리가 새로 나온 것이다. 머리칼이란 것이 이상한 기능을 하는 모양이다. 불에 타버리니까 살짝 꼬부라들어 머리 피부에 가서 딱 달라 붙어 버렸다.

그러면서 모근을 보호해 준 모양이다. 머리가 다시 난 것만도 얼마나 다행인지 모른다. 머리칼이 다 타서 없어지고 대머리가 되었더라면 어디 충무로나 명동 바닥에 얼굴 들고 다닐 수 있었겠는가. 그런데 내가 머리를 좀 기르고 다녔더니 이때문에 재미난 일도 생긴다.

70년대 장발 단속 때였다. 귀가 불에 타 없어졌으니 장발 단속할 때 기준이 문제가 된 것이다. 한번은 명동 파출소 앞을 지나 가는데 경찰 아저씨가 나를 불렀다. 신사 체면에 도망갈 수도 없고 파출소 안으로 들어갔더니 진짜로 가위로 머리를 자르려 하는 것이었다. 그때 경찰 아저씨한테,

"조금만 기다리시오! 내 머리를 자르기 전에 나하고 내기를 합시다"

했더니 무슨 내기냐고 한다.

"머리가 귀를 가리면 장발 단속에 걸리는 건 나도 잘 아는데 만약에 나에게 귀가 없다면 어떻게 할 것이오?"

"귀가 없어요? 그럼 곤란한데…."

경찰관에게 내 귀를 보여주니 멋적은 듯이

"어서 가시오"

한다.

양쪽 귀가 다 타 버렸으나 다행히 머리라도 나와 가릴 수 있으니 얼마나 감사한 일인가.

그러나 더 감사할 일은 귀는 탔지만 귀속은 하나도 고장이 안 나 듣는데 전혀 지장이 없다는 것이다. 어디 그뿐이랴, 귀가 없으니 아무리 추운 겨울이라도 귀가 시린 법도 없고, 안경도 이십여 년 동안 쓰고 다니다 보니 안경 다리 들어갈 자리가 생겼다. 이만하면 됐지 않은가. 귀가 꼭 안경 쓰라고 있는 것은 아니니까.

사람은 다 살게 되어 있다. 있으면 있는 대로 편리한 것도 있고 또 없으면 없는 대로 편리한 것도 있는 법이다. 너무 잴 것도 없고,

없다고 너무 비관할 필요도 없다. 그런대로 인간은 감사할 조건이 있기 마련이다.

눈도 마찬가지다. 눈 주위에 있는 피부들이 다 타 없어져 눈동자만 덩그러니 남아 있었다. 눈을 수술하기 전에는 식염수 가제를 항상 눈에 덮어 놓고 있어야만 했다. 눈동자가 건조해지면 실명하기 때문이다.

그러니 누가 면회라도 오면 가제를 제쳐 놓고 보고는 다시 덮어 놓아야 했다. 피부 이식 수술을 할 때 눈꺼풀은 어깨 뒷 부분의 피부를 떼어다 부쳐서 만들었다. 그것까지는 잘 되었는데 가장 어려웠던 수술이 속눈썹을 만드는 것이다.

속눈썹은 겨드랑이 밑에 있는 모발을 가늘게 떼어내어 붙이는 것인데 몇 차례 시도했으나 번번이 실패를 했다. 그러나 끈질기게 서너 차례 시도한 끝에 눈썹을 붙일 수 있었지만 눈썹이 밖으로 자라야 하는데 안쪽으로 자라 눈동자를 찌르니 다시 재수술을 해야 했다.

속눈썹 만드는 데 성공했지만 이번엔 또 눈에 염증이 생겨 실명하지 않을까 걱정이 되었다. 다행히 실명하지는 않았지만, 염증 탓으로 일미터 앞을 잘 보지 못할 정도로 눈이 나빠졌다. 퇴원하고 제일 고민했던 것이 한 쪽밖에 남지 않은 눈마저 이렇게 나빠졌으니 세상에 나가 어떻게 살며 무엇을 할 수 있겠는가 였다.

그때 마침 미국에서 자그마한 책자가 왔다. 노만 필 목사가 운영하는 기독교 생활재단에서 『삼일 동안만 볼 수 있다면』이라는 헬렌 켈러의 글을 보내 주었다.

듣지 못하는 귀머거리, 보지 못하는 장님에다 말 못하는 벙어리인 헬렌 켈러의 이 글은 문장도 명문이지만 당시 나에게 그렇게 감동적일 수가 없었다. 어떤 의미에서 이 글이 내 인생을 돌이키는 하나의 전환점이 된 셈이다. 그 내용은 대략 이랬다.

나를 사랑해 주는 많은 주위 분들을 눈으로 익혀 두고, 오색찬란한 꽃들과 자연의 신비스런 장관들, 박물관과 미술관에서 인류의 유적과 매력적인 그림들, 그리고 마지막엔 보통 사람들의 일상 생활과, 번화가인 뉴욕 5번가와 빈민굴, 공장과 공원, 그리고 영화관에 들러 멋진 배우들의 연기를 보고, 밤이 되면 네온사인 번쩍이는 건물의 숲을 걸으며 쇼윈도우에 진열된 아름다운 상품들을 보면서 집에 돌아오겠다는 것이다. 그리고,

"내가 마지막으로 눈을 감아야 할 시간이 되면 나는 지난 삼일 동안만이라도 이 세상을 볼 수 있게 해준 하나님에게 감사하다고 기도를 드리고 나는 다시 영원한 암흑의 세계로 돌아가겠다"

는 것이다.

나는 이 글을 읽은 다음부터 눈이 둘이냐, 하나냐 하는 것이 더이상 문제 되지 않았다. 시력이 얼마나 좋으냐, 나쁘냐 하는 것도 별 문제가 되지 않았다. 어쨌든 한쪽 눈으로 길이라도 찾아 다닐 수 있다는 것만 해도 그렇게 감사할 수가 없었다.

사람들은 눈을 뜨고 볼 수 있다는 것이 얼마나 행복한가 하는 것을 경험이 없으면 모른다. 맹인이 되어봐야 아는 법이다.

입도 마찬가지다. 티스푼이 들어가지 않을 정도로 쪼그라 붙었던 것을 다시 째고 아래, 위 입술은 가슴에 있는 피부들을 떼어다 붙여서 새로 만들었다. 마릴린 먼로 입술처럼 그렇게 예쁘지는 않아도 못하는 것이 거의 없다.

마시는 것, 먹는 것도 없어서 못 먹지 있는 것은 다 먹을 수 있다. 매달 수십회 강의나 강연회를 가져도 거의 나의 발음을 알아듣지 못하는 사람이 없을 정도니까 그만하면 괜찮고 영어도 외국 친구들이 거의 다 알아들을 정도가 되었으니 그것만도 그렇게 다행일 수가 없다.

그 다음에는 손을 쓸 수 있다는 것이다. 손가락도 다 오그라 붙어서 마치 갈쿠리 같이 되었고, 양쪽 새끼 손가락은 잘라 없애 버렸지만 그래도 이 손으로 글도 쓸 수 있고 식사도 마음대로 할 수 있다는 것이 그렇게 다행일 수 없다. 침례병원 의사 테보 박사 말만 듣고 양쪽 팔 다리를 다 절단하여 버렸더라면 어떻게 됐을까. 소름끼치는 일이 아닐 수 없다.

손을 쓸 수 있다는 것이 얼마나 좋은가 하는 것도 경험이 없으면 잘 모르기 마련이다. 한국 병원에 있을 때에는 괜찮았는데 미군 병원에 있을 때 문제가 발생했다. 왜냐하면 미군 병원에서는 면회 시간 외에는 일체의 병원 출입이 통제되었다. 한국 병원에는 보호자 만큼은 들어와서 간병을 할 수가 있었는데 미군 병원에는 그것마저도 금지되어 있었다. 그러니 모든 것을 담당 간호원들이 해 주지 않으면 안되었다. 양손을 다 쓰지 못하니까 불편한 것이 꼭 두 가지가 있다.

그 첫째는 화장실에 가서 용무를 본 다음의 뒷처리다. 아무리 나이팅게일 선서를 한 간호원들이라 하지만 애기도 아니고 다 큰 어른이 별로 보기 좋지도 않은 궁둥이를 내밀고 일을 봐달라고 하니 기분이 좋을 리가 없다.

그러나 나는 아침만 되면 간호원들의 신세를 안질 수가 없는 형편이니까 일어나자마자 간호원들에게 절을 꾸벅 드려야 했다. 절을 하면서 하는 말이 뻔하다.

"화장실에 잠깐 다녀 오겠습니다"

라고 하면 간호원들이 하는 대답이 또 가느냐는 것이다.

"사람이 하루에 한번씩은 다녀 와야지 어떻게 하느냐"

고 응수한다. 화장실에서 용무를 마치면 옆에 있는 벨을 누른다. 간호원이 들어와서 뒤를 닦아 주는데 기왕에 닦아 주려면 거리도 제대로 측정하고 두 번 내지는 세 번 정도는 닦아 주어야 기분이 좋을 텐데 어떻게 하냐 하면, 손에는 두루마리 화장지로 3분의 2정도 감아 쥐고 먼 산을 보면서 적당히 닦아주고 들어가라고 한다. 하루 온종일 찝찝하고 꺼림직하지만 참는 도리밖에 없다.

수술하기 전에는 어디로 출장을 가더라도 아내가 항상 따라 다니지 않으면 안되었다. 그러나 지금은 그 모든 것을 나 혼자의 힘으로 다 해결할 수 있으니 그렇게 편리할 수가 없다.

두번째로 불편한 것은 식사를 하는 일이다. 밥상을 가져다 놓고 간호원이 밥을 먹여 주는데 밥과 국을 먹여 주는 것은 괜찮으나 반찬을 먹는 것이 고역이다. 밥상을 내려다 보면 반찬이 대여섯 가지 정도는 된다. 그 반찬 중에는 내가 먹고 싶은 반찬도 있고 먹고 싶지 않은 반찬도 있다. 그런데 이 간호원들이 먹여 줄 때는 자기 입에 맛있는 것만 나에게 떠 주고 실지로 내가 먹고 싶은 반찬은 안 떠준다. 그러면 간호원들하고 실랑이를 벌이기 마련이다. 당신 입에 맛있다고 해서 내 입에도 맛있는 줄 아느냐고 핀잔을 주면 그제서야 눈치를 채고는 다음부터 결재를 받는다.

"이것 드릴까요? 저것 드릴까요?"

지금은 이 손가락 가지고 포크만 있으면 언제든지 내가 먹고 싶을 때, 먹을 수가 있으니 그렇게 식사가 즐거울 수가 없다.

손을 자유스럽게 쓰는 것도 감사한 일이고 다음에는 걸어 다니는 것이다. 의사들은 내가 걷지 못할 줄로 알았다. 몇 발자욱이라도 떼려면 그렇게 땡기고 아프고, 또 피가 터지곤 하였다. 피가 터지면 붕대를 감고, 그래도 일을 하겠다고 자꾸 아픈 것을 무릅쓰고 돌아 다녔더니 훈련이 되어 이만큼이라도 걸어 다닐 수 있게 되었다. 지금은 혼자서 3~4킬로 정도는 걸어 다닐 수 있다.

걸어 다닌다는 것이 얼마나 좋은 일인지도 당해 보지 않으면 잘 모른다. 내가 기독병원에 있을 때의 일이다. 101호실이라는 큰 병실이 하나 있었다. 그 호실에는 척추마비 환자를 비롯해서 하체 절단 환자들이 약 십 명이나 있었다. 나는 그래도 걸어 다닐 수 있으니까 매일 같이 그 병실에 가서 놀기도 하고 이야기도 하곤 했는데, 하루는 젊은 척추마비 환자 친구가 나에게 하는 말이,

"채 선생님! 우리는 선생님 정도라면 절대로 비관하지 않을 겁니다. 그래도 선생님은 걸어 다닐 수 있지 않습니까? 우리는 걸어 다

닐 수만 있다면 절대로 비관하지 않을 겁니다"

하는 것이었다. 그런 이야기를 주고 받은 다음 얼마 후에 그 친구는 걷지 못한다는 이유로 그 병실에서 약을 먹고 자살하고 말았다.

척추마비 환자들은 비참한 것이 여러 가지가 있다.

그 첫째는 이분들은 하체에 신경이 없으니까 소변을 보지 못한다. 그러니 성기에 가는 카테이터(가는 고무 호스)를 방광까지 꽂아 넣어 그 호스로 링겔병에 소변을 보게 되어 있다.

두번째로 비참한 일은 자다가 다리가 이불 밖으로 나오면 밤중에 쥐 새끼들이 들어와서 발가락을 갉아 먹는데도 아픈 것을 알 수 없는 것이다.

마지막 세번째로 비참한 일은, 대충 치료가 끝나고 퇴원할 때 쯤 되면 산재보험에서 몇 백만원 정도 보상금을 받게 마련이다. 그런데 간혹 환자들의 보호자 중에는 성분이 좋지 않은 마누라들도 있다. 어려운 광부 생활하다가 오랜만에 현금으로 몇백만원 거금을 손에 쥐게 되니까, 그것으로 온갖 사치들을 한다.

때로는 동양화 감상도 하다보면 1~2년 사이에 결국 보상금을 다 날린다. 손에 돈이 떨어지면 이 마누라들은 불쌍한 남편을 버리고 어디론가 자취를 감춘다. 떠날 때 이웃 아낙네들한테 하는 변명은 "우리 남편이 남편 구실을 못한다"는 것이다.

거기에 비하면 나는 얼마나 다행스러운지 모른다. 나의 딸 채송화는 내가 사고 난 후에 만든 작품이니까!

여기에 미스테리가 하나 있다.

내가 덴마크에서 돌아오자 마자 부산에 있으면서 몇 개 대학에 강의를 나갔다. 동서실업전문대학(현 경남공업 전문대학), 부산 복음간호대학 그리고 부산 신학교 등등 몇 곳이 되었다. 마침 사고 나던 날엔 부산 신학교에서 저녁에 영어 성경 강의가 있었다.

집에서 차를 타고 나오면서 저녁에 강의할 자료들은 다 가방에 넣고 나왔다. 가방은 내가 인도에서 올 때 가져온 수직으로 된 것이었다. 그 속에는 영어 성경 등이 들어 있었다. 불이 나면서 그 속에 들어 있던 참고 자료들은 다 타서 없어졌는데 영어 성경은 워낙 그 부피가 컸던 탓인지는 몰라도 불에 반쯤만 타고 반이 남아 있었다.

차에 오를 때 그 가방을 가슴에 안고 탔던 탓으로 온몸의 다른 곳은 다 탔는데 그 가방이 놓여 있었던 가슴과 배와 그 바로 밑에 있던 중앙청만은 그대로 타지 않고 남았다.

위에서 여러 가지 우스개 이야기들을 많이 했지만 내가 만약에 부정적인 정신 자세를 갖고 살았다면 아마 지금까지도 못 살았을 것이다.

집에 들어가면 마누라한테 신경질이나 내고, 친구들을 만날 때 열등감이나 갖고, 인생 매사에 비관만 하고, 절망하고 우울증에 빠져있다면, 또한 인생을 살아가는 데 유우머도 할 줄 모른다면 이만큼 못 살았을 것이다. 그래서 나는 항상 긍정적이고 적극적인 정신 자세를 갖고 살려 노력하고 있다. 눈이 있고 없고, 팔 다리가 있고 없고는 하나도 문제가 되지 않는다. 문제는 살아 있는 창조적인 정신이 있느냐 없느냐에 달려 있다.

나도 마찬가지다. 오히려 나는 사고 덕분으로 더욱 유명해졌다. 나는 가끔 혼자서 생각해 본다. 혹시 자동차 사고가 나지 않았더라면 지금쯤 어떻게 되었을까?

22년 전 크리스마스 이브 때였다. 부산에서 이상한 등기 편지가 왔다. 편지를 보낸 사람의 이름을 보아도 잘 기억이 나지 않는 생소한 것이었다. 우선 봉투를 열고 보니 그 속에는 깨끗하게 정성을 들여 쓴 석장의 사연과 함께 7만원짜리 수표 한 장이 들어 있었다. 뜻밖의 일이라 한편으로는 의아스럽게 생각하고 그 편지를 읽어 내려갔다. 그런데 편지를 보낸 장본인은 바로 29년 전 내가 사고를 당했던 그 차를 운전한 사람이었다.

그때의 사고로 나는 불구가 되었지만 그는 나 때문에 오랜 날을 밤잠을 못 이루고 부단히 고민하던 끝에 용기를 내어 편지를 쓴 모양이다. 그의 편지에,

"저는 선생님이 쓴 글을 신문이나 잡지에서 접하고 또 방송 같은 데서 하시는 말씀을 접할 때마다 저의 죄를 뉘우치곤 합니다. 그러나 아무리 뉘우쳐도 용서받을 길 없는 큰 죄가 되어 이렇게나마 저의 사죄를 표합니다. 선생님의 하시는 일에 조금이나마 보탬이 되었으면 해서…."

나는 그의 편지를 다 읽자마자 부산에 있는 그에게 장거리 전화를 했다.

"나는 당신 때문에 불구가 되었지만 오히려 더 유명해진 사람이요. 나보다는 그때 죽은 사람들이 더 불쌍하지만…, 아무튼 앞으로

는 그런 생각일랑 하지 말고 불쌍한 당신 옆의 고아들을 잘 돌보아
주기 바라오."

뜻밖의 전화를 받자 한편으로 놀라고 한편으로는 눈물을 흘리면
서 나에게 용서를 빈다.

그 후 만 일년만에 부산에서 그를 만나게 되었다. 우리는 그가
안내하는 유명한 보수동 불갈비집에 가서 저녁 식사를 맛있게 했
다. 그는 나에게 계속 고기를 집어 먹여주며 눈물을 삼키면서 나의
갈쿠리 손을 꼭 잡고는,

"채선생! 나를 용서해 주오. 그러나 만약에 선생님이 앞으로 시
력이 더 나빠지거나 또는 피부나, 신장이 필요하다면 내것을 언제
라도 기꺼이 드리겠습니다"

고 한다.

나는 설교 아닌 설교로 그를 달래야 했다.

"선생! 우린 인생을 살면서 두 개의 F를 잘 지켜야 합니다. 그 첫
째 F는 Forget, 잊어버리기를 잘 해야 하고, 두번째 F는 Forgive, 용
서를 잘 할 줄 알아야 합니다. 나는 지금까지 한번도 내가 이렇게
된 것이 선생 때문이라고 생각해 본 일이 없는 사람이요. 뭔가 하
나님의 뜻이 있어서 이렇게 된 것이니까 절대로 죄책감을 갖지 말
고 살아요."

그 후에도 우리들은 아무런 거리낌 없이 오랜 옛 친구로 종종 만
나곤 한다.

처복 많은 장애자

내 얼굴에는 의사들의 공도 많이 들어 갔지만, 그보다는 우리 아내들의 공이 더 많이 들어 갔다.

지금의 아내는 근 30년 동안 하루도 빼지 않고 매일 아침 저녁으로 물수건으로 얼굴을 닦아주고 콜드크림으로 마사지 해 주고 로션 스킨을 발라 주고 또 밖에 일하러 나갈 때에는 파운데이션을 발라 주고 했다. 그 정도 화장을 해 주니까 얼굴, 피부 색깔이 이만큼이라도 돌아 온 것이다. 전에는 이렇지가 않았다. 아주 시뻘건 살 덩어리였다. 사람의 정성이라는 것이 이토록 놀라운 것인 줄은 미처 몰랐다. 아내의 정성으로 만들어 진 작품이라고 해도 과언이 아닐 것이다.

아내란 참으로 놀라운 존재인 것 같다. 따지고 보면 전혀 남과 남이 아닌가. 핏줄도 다르고 성격도 다르고 자라온 성장 과정도 다른 그런 남녀가 사랑이라는 보이지 않는 끄나풀에 묶이어 결혼하고 자식들을 낳고 가정을 이루며 산다. 그런데 그 아내의 사랑이라는 게 그렇게 강할 줄은 미처 몰랐다.

미군 병원에 있던 어느날 아내가 면회를 왔다. 그날 따라 드레싱하는 도중에 통증이 너무 심하니까 잠깐 실신도 해서 그랬는지 몰라도 무척 우울했던 모양이다. 앞으로 더 살고 싶은 의욕마저 잃었던 모양이다.

그때 아내가 대야에 더운 물을 떠다가 나의 발을 정성껏 씻어 주었다. 그래 나는 아내를 격려해 준다고 한 말이,

"내가 세상을 떠나면 당신은 젊으니까 애들은 할머니, 할아버지

112

에게 맡겨 놓고 좋은 사람 만나서 지금보다 더 행복하게 살라구, 알았지?"

했더니 금방 눈에서 눈물이 마치 폭포 같이 마구 쏟아져 내린다.

"여보! 왜 이래, 내가 뭐 잘못했나?"

그래도 막무가내로 옆의 환자들에게 민망할 정도로 소리까지 내며 흐느끼는 게 아닌가.

"여보, 나는 지금까지 한번도 당신 이외의 다른 사람은 생각해 본 일이 없어요. 나는 지금의 당신 얼굴은 하나도 보이지 않아요. 옛날 다치기 전 얼굴 말고는요"

하는 것이었다. 그제서야 나는 사랑이란 것이 이런 것인가 하고 속절 없이 내 뱉었던 말을 후회했다.

또 한번은 미군 병원에서 퇴원하고 집에서 치료를 받을 때였다. 아버님이 단기 선교사로 일본에 3개월간 다녀 오면서 남편 때문에 고생하는 며느리가 가엾게 보였던지 코트감으로 비로드 한 감을 선물로 사다 주었다. 그때만 해도 성형 수술을 하기 전이었으니까 불편한 것이 한 두 가지가 아니었다. 그야말로 아내가 나의 손발이 되지 않으면 한발짝도 움직일 수 없는 상황이었다.

그날은 오후에 잠깐 시내에 볼일 보러 갔다 오겠다는 마누라가 저녁이 되도록 영 돌아오지 않았다. 물도 마시고 싶고 화장실도 갔다 와야겠고, 친구들에게 전화도 걸어야 하는데 영영 집에 들어올 생각을 않는다. 나는 화가 머리 끝까지 치밀어 올랐다. 마누라는 저녁 땅거미가 진 다음에야 집에 들어왔다. 나는 화난 김에 무조건 소리 질렀다.

"당장 나가 버려! 나야 인제 병신이니 아무데나 버려 두고 다녀도 상관 없지! 지 멋대로 나가고 싶으면 마음대로 해!"

그랬더니 시아버지가 선물한 비로드 옷감으로 코트를 맞추려고 양장점에 다녀 왔다는 게 아닌가. 그 말을 듣는 순간, 나는 아내에 대한 분노와 좌절감과 모멸감 때문에 나 자신을 어떻게 가눌 수가 없었다. 옆에 손에 닿는 것들을 잡히는 대로 집어 던졌다.

아내는 방구석에 처 박혀서는 "왜 그래요"소리만 연발하며 꼼짝도 못한다. 시간이 얼마나 지났을까. 흥분이 어느 정도 진정이 된 뒤에 아내는 나에게 차분히 말을 이어갔다.

"여보, 생각해 보세요. 이제부터 내가 당신을 가는 데마다 모시고 다녀야 되는데 내가 만약에 옷이라도 구질구질하게 입고 다닌다면, 당신을 사람들이 얼마나 우습게 보겠어요? 그러니 내가 좀 멋쟁이로 차려 입고 당신의 팔장을 꼭 끼고 다니면 나를 보고서라도 사람들이 그러지 못할 것 아니겠어요?"

이야기를 다 듣고 나니까 섣불리 화부터 낸 내가 부끄럽기 한이 없었다.

그 후 나는 원주에서 대충 수술을 끝내고 서울에 왔다. 그리곤 1970년부터 청십자 운동을 다시 시작했다. 당시만 해도 의료보험이란 것이 있는지도 모르는 때였으니까, 그것을 알리고 사람들을 설득하기 위해 매우 바쁘게 돌아 다녀야만 했다. 눈도 잘 보이지 않고 걸음도 잘 걷지 못하던 때였기 때문에 아내는 그야말로 내 지팡이가 되어야 했고 내 눈이 되어야 했다. 흉한 얼굴을 조금이라도 더 많이 가리기 위해 나는 검은 선그라스를 끼고 다녀야 했다. 나야 내 얼굴이 안 보이니 괜찮겠지만 놀라고 도망가는 심장 약한 사람들 때문에 어쩔 수 없었다.

나는 아내와 상의하고 연세 의료원 성형외과 유박사를 찾아 갔다. 유박사는 내 얼굴과 온몸을 진찰하고 나더니 아직도 얼굴 수술을 더 많이 해야겠는데 성한 피부를 뗄 자리가 없다는 것이다. 그랬더니 옆에 있던 아내가 대뜸,

"제 피부를 떼어드리면 안될까요?"

한다.

그말을 듣자 나는 아내의 얼굴을 다시 한번 쳐다 보았다. 그런 아내 때문에 나는 또 다시 살고 싶은 의욕과 일하고 싶은 충동이 생긴다. 서울 청십자도 어느 정도 조직해 놓고 생활도 안정될 정도가 되니까 또 다시 사고가 생겼다.

사람의 운명이란 참으로 알 수 없는 것인 모양이다.

아내는 결혼 초에 나와 충남 홍성의 풀무학원에 가서 어려운 농민들의 자녀들을 위해 교육을 한다고 근 5년 동안이나 꽁보리밥을 먹으며 고생했다. 그리고 내가 외국에 나가 있는 2년 동안은 아이들 돌보느라 고생했고, 돌아오자마자 자동차 사고로 또 근 2년 동안 내 옆에서 간호해 주느라 자기 몸을 돌 볼 시간이 없었다. 그러다 보니 옛날 처녀 시절에 앓았던 폐결핵이 재발하게 된 것이다. 나를 살려야 겠다는 생각 외에는 다른 생각을 할 여유가 없었던가 보다.

1970년 5월 24일 화창한 일요일이었다. 아내는 처제와 둘이서 애

들 생일 선물을 사려고 백화점에 갔다. 꼬마들의 선물을 몇 가지 사가지고 백화점 문 앞을 나오다가 갑자기 아내는 각혈을 했다. 옆에서 어쩔 줄 몰라하던 처제는 무조건 급하고 당황하게 되니까 택시를 타고 성모병원 응급실로 뛰어갔다. 그리고 응급실에 입원시켜 놓고는 집에 달려 온 것이다.

언니가 병원에 입원했다는 소리를 듣고 나도 택시를 타고 그대로 병원에 뛰어 갔다. 응급실에 갔더니 아무도 없었다. 그 곳에 있는 간호원에게 물어 보았더니, 아무 표정 없이 하는 말이,

"지하실에 내려 갔어요"

한다.

나는 지하실에도 무슨 병실이 있는 줄로 알았다. 그러나 지하실에 내려가 보니 그 곳은 병실이 아니고 영안실이었다. 아내는 이미 싸늘한 시체로 냉장되고 있었다. 어두컴컴한 영안실에서 관리인을 불렀다. 조성례씨 방이 어느 것이냐고.

관리인은 아무 표정도 없이 자물쇠를 열고 뚜껑을 열어 놓더니 나에게 보여 준다. 확인하라는 뜻이다. 사람은 맞았다. 그대로 잠자는 것처럼 평안히 누워 있었다. 나는 그 순간까지 사랑하던 사람이었으니까 무심코 아내의 손을 잡았다. 손이 그렇게 차디찰 수가 없었다. 찬손을 만지는 순간 나는 두 번 다시 쳐다보기 싫어졌다. 그렇게 정이 떨어질 수가 없었다. 사람은 이렇게 저세상으로 간 사람과 정을 끊는 모양이다.

"뚜껑을 닫으시오"

하고는 밖으로 나왔다. 나는 조용히 생각했다. 사랑하고 정이 드

는 것도 우리의 심장에서 뜨거운 피가 돌아가는 그 순간까지구나 하고…. 뜨거운 피가 멎는 그 순간부터는 나와는 아무 관계가 없는 사람이었다.

우리의 처지가 아무리 괴롭고 슬프고 짜증난다 해도 사람은 살아있다는 것 이상으로 좋은 것은 없구나. 역시 인간은 아무리 불행하다고 해도 살아있다는 것 이상으로 감사 드릴 것이 없구나 하고 생각했다.

저녁에 모든 장례 준비를 마친 후 영안실은 제자들과 친구들에게 맡겨 놓고 집에 돌아 왔다. 집안으로 들어서자마자 장모는 나의 손을 꼭 잡으며

"성례가 아침에도 그렇게 바나나를 먹고 싶다고 했는데 그것 못 먹고 가다니"

하면서 눈물을 닦는다. 아내가 먹고 싶어 하던 과일 하나 사 줄 수 없었던 남편의 마음도 너무나 아팠다.

다음날 아침에 금촌에 있는 기독교 공원 묘지에 아내를 묻고 돌아 왔다. 나는 마누라를 흙 속에 묻을 때까지도 뭐가 어떻게 되어 가는지 실감이 나지 않았다. 뭐가 뭔지 알 수가 없었다. 장례를 끝내고 나는 다시 사무실로 돌아오지 않을 수 없었다. 처음 모이는 청십자 이사회를 진행하기 위해서였다. 좀 시간이 늦어서 죄송하다는 인사를 간단히 하고 회의를 대충 끝냈다. 모인 이사들은 그제서야 아내를 장사 지내고 온 사실을 알고는 깜짝 놀랐다.

저녁이 어두워서야 집에 돌아왔다. 방문을 열고 들어갈 때마다

나를 반겨주던 사람이 없다. 그 순간 방에서 나오는 찬 공기, 그때에 느껴지는 허무감, 그 절망감은 울어도 해결이 되지 않는다. 통곡을 해도 해결되지 않는다. 그러나 나는 당장 내일부터가 문제였다. 누가 내얼굴을 화장해 주고 누가 내게 음식을 먹여주고 누가 내 뒷 바라지를 해 줄 것인가.

아내는 자신의 죽음을 이미 예상했던 것 같다. 세상을 떠나기 전 두 개의 편지를 남겨 놓은 것이다. 아내의 핸드백에 나온 짤막한 메모였는데 그건 나에게 한 말이었다.

"내가 만약 세상을 떠나도 채규철은 살아야 한다. 아직 할 일이 많은 사람이다"는 것이었다.

그리고 다른 것은 부산 집에서 두 아이를 돌보며 야간 고등학교를 다니고 있던 풀무학원 시절의 제자이자 지금의 내 아내인 유정희에게 보낸 것이었다. 아내는 정희에게 자신에게 어떤 일이 일어난다면 두 아이를 잘 키워주기 바란다는 내용을 간절히 당부하고 있었다.

아내의 편지 때문이었을까? 정희는 점점 아내의 빈 자리를 조금씩 메꾸며 들어 왔다.

아내를 땅에 묻고 돌아 와서 여러 가지를 생각해 보았다. 아내를 따라 공동묘지에 함께 가야 하나 생각도 했다. 그런데 사람은 죽으라는 법은 없는 모양이다. 그렇게 고민하고 있는데 정희가 서울로 가방을 들고 나를 찾아 왔다.

어떻게 올라 왔느냐고 물었더니 선생님을 돌보아 드리러 왔다는 것이다.

정희는 풀무학원에서 중등과정을 마치고 검정고시까지 합격해 놓고는 고등학교에 들어갈 꿈만 꾸고 있었다. 그러던 차에 최성봉 (현재 풀무학원 교감) 담임 선생으로부터, 채선생 집에서 밤에는 자기 공부하며 낮에 가사일을 도와 줄 학생을 찾는다는 말을 듣고는 부산에 와 내 집에서 지내고 있었다. 정희로서는 '나도 저런 선생님 같은 멋진 남자와 결혼할 거야'라고 사모하던 바로 그 선생님 집에서 같이 살며 공부까지 할 수 있다는 것에 끌려 무작정 우리집에 왔다고 한다. 이때 나는 덴마크 유학에서 막 돌아와 대학 강의 다니랴 청십자 일을 하랴 꽤 바쁠 때였다.

그리고 내가 사고 당하고 나서부터는 나를 뒷바라지 하느라 자식들을 부산에 두고 온 아내 대신에 정희는 두 아들까지 돌보는 처지가 되었다. 그러다 아내가 죽었다는 소식을 부산에서 들은 것이다. 정희는 그때 갓난애기 둘째를 등에 업고 있으면서 '이 아이들은 누가 키울 것인가' 하고 걱정을 했다고 한다. '내 책임은 아니지, 나와는 아무 관계가 없는 일이야'라며 마음을 다지기도 했지만 운명은 그러하질 않았다. 그러다 야간 고등학교 졸업반 마지막 여름방학 때 나를 돌봐주러 서울에 온 것이다.

그때 나는 청십자 일 외에 서울 병원전도협회에서 하는 일들도 있었다. 그 관계로 해서 을지로에 있는 국립 의료원 원목실에 강의하러 갔다가 그 곳에서 전도 사업을 하는 이 전도사를 만났다. 그녀는 산후 마비를 당해 남편으로부터 이혼당하고 집도 절도 없으면서 열심히 환자들에게 전도를 하는 여자였다. 나와 정희는 서로

딴 방에서 묵고 있었지만 둘이서만 있으면 안되겠다는 생각이 들어 이 전도사에게 우리 집에서 함께 지내자고 모시고 왔다.

두 불구자가 나란히 걸어가는 모습, 함께 버스 타다 안내양들에게 승차 거부 당하는 일들을 지켜 본 정희는 가슴에 못이 박혔던 모양이다. 선생님은 저런 장애인과 결혼하면 안 될 텐데, 아이들은 어떻게 하나, 그러나 나는 아니야, 다른 좋은 사람이 나타나겠지 하며 계속 부인을 했다.

하지만 옛날 멋진 선생님의 얼굴도 모르고 그의 인격을 존경하는 마음도 없는 사람과 만난다면 아이들은 어떻게 될까? 이런 고민이 머리에 떠나지 않았던 모양이다. 방학 동안 나의 시중을 끝내는 날 저녁 정희는 각오에 찬 단호한 모습으로 나에게 제안을 했다.

"선생님, 제가 선생님 옆에서 돌봐드리면 안 될까요?"

작년 11월 우리 두 사람은 캐나다로 여행을 갔다. 에드먼튼 한인 교회에서 두 시간 나의 강의를 마친 후 친교의 시간에 그 곳 할머니들이 내 아내 이야기를 듣고 싶다고 했다.

정희는 한 시간 동안이나 과거 풀무학원에 다니던 이야기, 우리 집에서 식모살이 하면서 학교 다니던 이야기, 우리 두 아이들 키우던 이야기들을 했다. 다 듣고 난 후 한 할머니가 질문을 했다. 나 같으면 저런 불구자가 설사 대통령이라 해도 절대 결혼하지 않았을텐데 어떻게 결혼하게 되었느냐는 것이었다.

정희의 대답은 간단했다.

"나는 사랑이라는 것밖에는 몰랐어요."

이렇게 우리는 27년을 살아 왔다.

자식을 위하여

아무튼 아내는 죽었지만 집에 들어오기만 하면 매일 같이 천정에 떠오르는 아내의 모습은 어떤 의지로도 지울 수가 없었다.

잠시 동안이라도 어디가서 기분 전환을 하고 오지 않으면 안되었다. 정희에게 아파트를 맡겨 놓고 나는 부산 집으로 내려 갔다. 그때 부산에는 부모님도 계시고, 친구들도 많이 있고 또한 귀여운 나의 꼬마들도 있었다.

나는 집에서 거의 매일을 방에 누워 쉬고 있기만 했다.

어느날 일곱 살된 큰 꼬마 진석이가 친구들을 잔뜩 데리고 집에 놀러 왔다. 한참동안 방안을 뛰어다니며 놀다가 우연히 한 꼬마가 내 방문을 열어 보았다. 요놈은 나를 보자마자 놀라면서 진석이에게 물어 본다.

"석아, 저 뒷방에 누워있는 사람이 누가?"

"우리 아빠다"

"야, 너의 아빠는 왜 저렇게 도깨비 같이 생겼노?"

옆에서 듣던 꼬마 친구들은 무슨 구경이나 난 줄 알고 전부 다 내 방에 들어와 한번씩 보고 나간다. 그러더니 마지막 꼬마가 나가면서 하는 말이,

"야, 석아. 너의 아빠는 귀신 같이 무섭게 생겨서 너희 집에서 못 놀겠다. 우리 다 집에 갈란다"

하고는 전부 신발을 찾아 신고 도망을 친다.

도망가는 꼬마 친구 하나를 붙잡고 석이는 사정을 한다.

"나는 우리 아빠가 하나도 무섭지 않다. 우리 아빠는 얼마나 좋은데, 여기에 있는 이 장난감도 그림책도 전부 다 우리 아빠가 덴마크에서 올 때 사다준 거야. 마음대로 가지고 놀아도 괜찮으니까 같이 놀자."

그래도 꼬마들은 관심이 없다는 듯이 급하게 신발을 찾아 신고는 모두 도망가고 석이만 혼자 방에 남았다. 석이의 눈동자에 이슬방울이 하나, 둘씩 맺히기 시작했다. 나는 침대 위에 누워 석이의 모습을 물끄러미 내려 보다가 이상한 생각이 떠올랐다. 저 꼬마가 지금 아빠를 뭐라고 할까?

아빠 때문에 놀러왔던 친구들이 모두 도망 가고 또 아빠는 예전같이 잘 놀아 주지도 못하고, 그럴바에는 저런 아빠는 어디 멀리 사라져 버려 줬으면, 아니면 보이지나 말아 주었으면 할 것 같았다. 석이 뿐만 아니라 친구들도, 부모님도 그럴 것 같았다.

생각이 여기까지 이르니 살아 있다는 것이 그렇게 비굴하게 느껴질 수가 없었다. 그 날 저녁으로 다 끝내 버리려고 마음 먹었다. 살 가치가 없는 존재, 그것도 주위 사람들에게 아무런 도움이 되지 못하는 존재라는 생각이 들자마자 자살이라는 것이 죄가 되느냐 안되느냐 하는 것은 전혀 문제가 되지 않았다. 그런 것 따위는 여유가 있을 때 하는 한낱 사치스런 악세사리와 같은 것에 불과해 보였다.

나는 집 근방과 범일동 시장 주변 약방을 두루 다니며 약을 사모았다. 그리고는 집에 들어 와서 밤이 되기를 기다렸다. 여러 가지 생각들이 복잡하게 떠오른다. 그러다가 문득 떠오르는 생각이 석이가 내년에는 국민학교에 입학할텐데, 또 중학교에도 갈텐데, 그리고 자기의 담임 선생이 너희 아빠는 무얼하느냐고 물어 보면 저것이 뭐라고 대답할까? 적어도 고등학생 정도만 되었어도 괜찮을텐데 하는 생각이 들었다.

자기 아빠는 옛날에는 이런 저런 사람이었는데 차 사고로 불구자가 된 것을 절망하여 약을 먹고 자살했다는 지저분한 이야기를 해야 될 것이고, 저희 엄마는 폐병으로 각혈을 하고 죽었다는 이야기를 언제까지나 되풀이해야 할 것이다.

거짓말을 하지 않는 한에는….

'안되겠다. 이렇게 비굴하게 죽어서는 안되겠다. 악착 같이 살아서 저 꼬마들이 누구 앞에 가든지 누구를 만나든지, 그래도 우리 아빠는 이런 사람이었다는 이야기를 자랑스럽게 할 수 있도록 해야 되지 않겠는가? 우리 아빠는 자기 자신을 위해서가 아니고 자기보다 못한 사람들을 위해서 자기보다는 불행한 사람들을 위해서 이 세상을 떳떳하게 보람있게 살다가 죽었다는 이야기를 자랑스럽게 할 수 있도록 만들어 줘야겠다.'

사왔던 약들을 연탄불에 몰래 던져 놓고 다시 일어나서 일을 하기 시작했다.

그런 진석이가 지금은 결혼까지 해서 애 아빠가 되었다. 진석이가 대학 들어갈 때였다. 중학 시절부터 원하던 전자계산학과에 들어갔다. 그것도 열심히 공부해서 서울대에 들어간 것이다. 나는 무엇보다 자기가 목표를 세웠던 것을 포기하지 않고 결국 이뤄낸 자식이 더욱 자랑스러웠다.

"너 언제부터 공부하기 시작했느냐?"

고 했더니,

"중학교 들어간 다음부터요"

그러면서,

"사실은 내가 어렸을 때는 아빠가 솔직히 말해서 대단히 무서웠어요"라고 한다.

어렸을 때 석이는 엄마하고 내 병실에 오면 오자마자 집에 가자고 엄마를 못살게 했다. 그러면 엄마는 신경질을 내며,

"넌 아빠한테 왔는데 왜 자꾸 집에만 가자고 하느냐"

고 꾸중을 했다. 그러면 진석이는,

"엄마, 목소리는 아빠인데 얼굴은 아빠가 아니야 빨리 가자"

는 거였다.

이렇게 철부지였던 꼬마가 중학교에 들어간 다음부터는 자기 아빠가 쓴 책도 읽어 보고, 신문 잡지에 쓴 글도 보고, 방송국에 나와하는 이야기도 다 듣고 난 다음 그래도 우리 아빠는 훌륭한 아빠라고 좋아하기 시작했다는 것이다.

나도 그를 좋아하지만 그도 나를 좋아한다. 언젠가 석이와 맥주를 마시는데,

"아빠가 나를 친구처럼 대해주니까 나는 참 행복해요" 한다.

나는 석이를 보며 다시 생각해 본다. 역시 사람이 살아 가는 데에는 환경이라는 것이 그렇게 중요한 것이 아니구나 하는 것을….

우리 인간에게는 누구에게나 하나님이 준. 씨앗이 있기 마련이다. 그 씨앗은 무한한 가능성과 잠재 능력을 갖고 있다. 고로 우리는 어떠한 인간이라도 무시하거나 천시하거나 멸시해서는 안된다. 그 사람 나름대로 하나님의 씨앗, 그의 모습을 갖고 태어났기 때문이다.

이런 하나님의 씨앗을 믿는다는 것은 곧 긍정적이고 적극적인 정신 자세를 갖고 살아 간다는 것을 뜻한다. 이런 정신 자세를 갖고 앞으로 올 우리들의 후세들에게, 우리가 몸 담고 살고 있는 우리 사회를 위하여 우리나라를 위하여 멋진 스토리를 남기고 가기 위하여 나는 오늘도 열심히 뛰며 살아가고 있다.

남들은 '백원짜리 인생'으로 온갖 수모와 곤욕을 받고 있다고 생각하고 있을지 모르지만 나는 누가 뭐라 해도 멋지고 보람에 찬 '인생의 등불'을 나 스스로 켜 들고 나보다 더욱 어둡고 험난한 길을 걷고 있는 사람들을 찾아서 작은 불빛이나마 그 앞을 비추는 등불이고자 열심히 오늘도 뛰고 있다.

우리는 언젠가 이 세상을 떠난다. 그것은 하늘의 준엄한 철칙이다. 떠나는 것이 중요한 것이 아니고, 우리가 떠날 때에는 뭔가 후세들에게 우리들의 발자취를 남겨 놓고 갈 의무가 있다.

어떤 사람들은 열심히 돈을 모아 재산을 남겨 놓고 가기도 하고, 또 어떤 사람들은 문학을 열심히 하여 훌륭한 책을 남겨 놓고 가기도 하고, 또 어떤 사람들은 음악이나 미술을 하여 훌륭한 예술 작품을 남겨 놓고 가기도 한다. 그러나 나는 그런 것들이 다 훌륭한 유산은 될 지 몰라도 가장 위대한 유산은 못 된다고 생각한다.

　그렇다면 우리가 남겨 놓을 수 있는 가장 위대한 유산은 무엇일까? 그것은 이 세상 사람들이 누구나 다 남겨 놓을 수 있는 것이라고 나는 생각한다. 가난한 사람이나 부자나, 권력이 있는 사람이나 없는 사람이나, 학식이 있는 사람이나 없는 사람이나 누구든 남겨 놓을 수 있는 그것은 하나의 스토리(이야기)이다. 하나의 아름답고 멋진, 보람있는 이야기다. 그러면 어떤 스토리가 가장 위대한 것인가? 그것은 절망할 수밖에 없는 어려운 역경을 이겨내는 자기 신념, 자기 신앙의 이야기다. 나는 그런 역경과 고난을 이렇게 이기고 내 인생을 멋지게 보람있게 아름답게 살았다는 하나의 스토리, 그것보다 더 위대한 유산은 없다고 생각한다.

자연학교의 아이들과 사람들

이동 봉사 게릴라들 한벗회
두밀리 자연학교가 걸어온 길
꿈을 주는 자연학교의 선생님들
안전주의냐 자연주의냐?
행동하는 환경주의자
가발 쓴 외톨박이 상준이
세븐 스타 악동들

이동 봉사 게릴라들 한벗회

"대자(代子)야, 작은 돈이지만 노자로 쓰거라"

대부 대모는 꼬깃꼬깃 뭉쳐진 쌈지돈을 부일이 손에 쥐어 주고는 눈시울을 적신다. 손가락도 없는 손에 붕대로 호미를 묶어 일군 마늘과 호박을 팔아 한닢 두닢 모아 자기들 장례식 때 조문오는 친구들에게 라면이라도 대접하려고 저축한 거금 5만원을 대자에게 쥐어 준 것이다.

"내가 낳은 자식들도 지금까지 30년 동안 나를 여기에 버려 두고는 한번도 찾아 오는 일이 없었는데, 니가 우리들의 대자가 된 이후 철마다 이렇게 찾아와 주니 우리는 얼마나 기쁜지 모르겠다."

김부일은 고등학교 졸업 후 15년 동안 자신의 청춘을 바치며 소록도, 장애인들에게 중독된 사람이다. 그는 그동안 한벗회 맹인들을 위한 밥집, 소록도, 장애인 이동 봉사대 등 봉사 활동을 열심히 하느라 전셋집 보증금까지 다 까먹어 버린 그런 황당한 젊은이다.

김부일만이 아니라 한벗회에는 장애인 봉사 활동에 중독된 사람들이 많다. 한벗회가 소록도 장애인을 위한 게릴라 부대를 조직한 것은 광주에서 온 오정선이라는 여학생을 알게 되면서였다.

그 소녀는 지옥 같은 입시 공부에 찌들려 인생의 회의를 느끼곤 자살까지 기도했던 그런 학생이었다. 그 소녀에게 내가 들려 준 것은 "인생에는 '앞으로 가'만 있는 게 아니고 '뒤로 돌아 앞으로 가'도 있다. 그때엔 꼴찌가 일등이 되는 것이다"라는 말이었다.

그 말에 힘을 얻었는지 어쨌는지 모르지만, 정선이에게 몇 년 후 뜻밖의 편지가 날아 왔다.

"선생님! 저는 아무도 가려 하지 않는 이곳 문둥이 천국 소록도 병원에 간호사로 자원해 왔습니다. 이곳에는 맹인이 된 할아버지 할머니들이 500명이나 돼요. 이곳에는 옷이 없어요.

그리고 이곳에는 눈물이 없어요. 내가 치료해 주던 할아버지가 돌아가셔서 나는 너무 슬퍼 흐르는 눈물을 어찌하지 못하고 있는데 할아버지 친구들은 울지를 않는 거에요. 왜 그럴까요?"

이 세상 온갖 멸시와 조롱과 천대를 다 벗어버리고 천당갔는데 무슨 눈물이 나오겠냐고 답장에 썼지만, 그러나 우리는 그 소녀의 편지를 읽고 있을 수만은 없었다. 교회에서, 학교에서, 여성 합창단 모임에서 옷을 모으기 시작했다. 그리고 다음엔 옷만 보낼 것이 아니고 그 곳의 할아버지 할머니들과 몸과 몸으로 부딪쳐 그들의 고통에 함께 동참하기로 했다.

그렇게 해서 매년 8월 첫 주간이 되면 서울, 대구, 대전에서 '게릴라 부대'가 결성된 것이다.

서울의 한벗회, 대구의 참길회, 대전의 애육원 소록도 역사 기행
팀, 등 육지의 자원 봉사 게릴라들은 소록도 맹인 할아버지 목욕
봉사, 십 년 묵은 담요 세탁 봉사, 돼지, 닭, 소들의 우리 수선 등
온갖 몸으로 때우는 일들을 열심히 해 낸다.

그리고 또한 소록도 맹인 하모니카 합주단을 조직하여 서울, 대
구에서 공연을 주선한 적도 있다. 그때 50년만에 처음 육지 나들이
를 하게 된 할아버지 할머니들의 감격스러워 눈물을 글썽이는 얼
굴들이 아직도 내 가슴에 선하게 새겨져 있다.

지금도 이 게릴라들은 8월 첫주에 어김 없이 소록도에 찾아 간
다. 때로는 선풍기도 들고, 때로는 하모니카도 들고 간다.

이 게릴라 부대원 중에는 나의 큰 아들놈도 끼어 있다. 김부일은
바로 아들놈이 속한 게릴라 부대원 중 하나였던 것이다.

부일의 마누라도 같은 부대원이다. 부일이는 총각 시절에 봉사
하며 모시던 할아버지 할머니를 결혼하면서 대부 대모로 모셨다.
소록도에서는 친부자지간이라도 어린 손자나 손녀들을 섬에 데리
고 들어오지 않는다. 그러나 부일이는 달랐다. 결혼식도 소록도에
서 대부 대모를 모시고 했고, 아이를 낳자 그 애까지 자주 데리고
가서 자고 오기도 한다.

이런 사람들이 모여서 만든 조직이 한벗회다.

1978년 백진앙 선생님이 주도해서 만든 한벗회가 처음 한 일은
달동네나 산골 같은 소외된 지역 사람들에게 문화 공연을 해 주는

'골목 무대' 일이었다. 바로 이 골목 무대가 두밀리 자연학교를 만든 모태가 될 줄이야 누가 알았겠는가.

하여튼 한벗회는 6, 70년대 고도 경제 성장 정책이 낳은 이면의 소외된 사람들을 위한 이동 봉사 게릴라 집단이었다.

지금은 사라진, 힐튼 호텔 뒤 양동에는 맹인들이 참 많았다. 우리는 이 사람들을 도와줄 일이 없을까 궁리한 끝에 무료 봉사 밥집을 열었다. 맹인들이 아침 식사하러 식당에 들어가면 개시부터 재수 없다고 주인들은 그들을 쫓아내기 일쑤였다. 돈도 없지만 돈이 있어도 밥을 못 얻어 먹으니 참으로 서러운 처지였던 것이다.

그리고 다음으로 그들에게 힘든 일은 자녀를 키우는 일이었다. 그래서 우리는 또 맹인 자녀를 위한 어린이 집을 열었다. 어린이 집이라 해서 많은 놀이 기구를 갖춘 지금의 놀이방 같은 거창한 것은 아니었다. 돈이 없어서만은 아니었다. 우리는 그 아이들에게 환경에 적응할 줄 아는 사람들이 되길 원했다. 특히 그들에겐 더욱 절실한 문제였다. 그래서 우리는 그 아이들에게 가난한 빈민가 골목이지만 비싼 놀이 기구가 없이도 주변 환경을 이용해 재미있게 놀 줄 아는, 우리들이 어렸을 때부터 즐겨 놀았던 놀이들을 가르쳐 주었다.

그러나 문제는 그들이 스스로 자립할 능력을 키워 주는 거였다. 자립할 능력이라면 역시 돈이 제일 큰 문제라서 우리가 도와준 일은 신용협동 조합을 만드는 일이었다. 그렇게 해서 만들어진 게 '협심회'라는 신협이었다. 지금 이 신협은 4, 5억을 보유하고 있을 만큼 꽤 튼튼한 맹인들의 자립 은행으로 자리 잡아 남대문 시장에서 힘들게 살아 가고 있는 맹인들에게 소중한 보금자리 역할을 톡톡히 하고 있다.

한벗회가 일하는 방식은 언제나 이런 식이었다. 어려운 사람을 도와주면서도 그들이 자립할 수 있는 조직을 만들어 준다. 그렇지만 그 조직을 한벗회의 조직으로 끌어 들이지 않는다. 때가 되면 독립할 수 있도록 해 준다. 그리고 한벗회 자체도 끊임 없이 새로운 일을 찾아 나선다.

소록도 봉사 활동을 하면서 대구 참길회와 대전의 애육원도 한벗회의 도움으로 만들어진 소록도 자원 봉사 단체들이다. 병원 이동 도서관이나 양로원 빨래 봉사대, 그리고 김정희 선생이 이끄는 '부름의 전화' 봉사대도 한벗회의 도움으로 만들어진 단체다.

동두천 봉암리의 '어린이 도서관'도 잠실 시영 아파트에서 살 때 우리집을 개조해 만든 어린이 도서관 경험을 살려 내가 도와 만든 단체다. 이렇게 해서 시작된 봉암리 공동체 운동은 신협을 만들면서 더욱 본격화 되었다. 지금 이 신협의 자금이 30억에 이른다고 하니 가히 눈부신 발전이라 하겠다.

지금 한벗회는 장애자 이동 봉사대로 혼자서 움직이지 못하는 중증 장애자들의 외출을 도와 주는 활동을 주로 하고 있다. 여기에 가입한 봉사대원 차량이 무려 300대나 된다. 작년 가을에 한벗회는 또 다른 일을 벌였다. '장애인 편의시설 시민의 모임'이 바로 그것이다.

우리나라 장애인들의 수는 400만에 육박한다고 한다. 어릴 때 병에 걸려 장애인이 된 사람도 많지만, 교통 사고나 안전 사고로 인해 고통받는 장애인들이 더 많다고 한다. 그렇게 보면 장애인이 아닌 사람일지라도 언제든지 장애인이 될 수 있는 가능성은 항상 우리 곁에 도사리고 있다.

장애인 뿐만이 아니라, 우리 사회 곳곳에는 소외되고 고통받으며 아무런 사회의 도움 없이 생존의 위협 앞에 그대로 노출된 채 살아가고 있는 사람들이 헤아릴 수 없을 만큼 많다.

오이씨디에 가입까지 하며 선진 국가 대열 진입을 선언한 나라임에도 복지 수준면에선 아직 후진국 수준을 넘지 못하고 있는 게 우리의 현실이다. 그런 현실을 나 몰라라 한다든가, 아니면 정부가 해야 할 일이기 때문에 나하고는 상관이 없어 하며 회피할 일이 아니다. 우리도 언젠가는 장애인이 될 지 모를, 그래서 정상인이 아니라 비장애인으로 살아가고 있는 처지이기 때문에 남의 일만이 아닌 바로 내 일로 받아들일 수 있어야 한다.

나는 한 나라의 복지 수준을 가늠하는 기준을 그 나라의 장애인과 어린이가 얼만큼 보호받고 있으며 또 얼만큼 자유롭게 희망을 갖고 사는가에 달려 있다고 생각한다. 장애인 문제는 우리의 미래를 대비하는 문제이며 어린이 문제는 우리 미래의 희망을 준비하는 문제이다. 따라서 단지 그 모든 것들을 남에게, 또는 정부에게 미룰 수만은 없는 것이다.

한벗회가 존재하는 이유도 바로 여기에 있는 것이다.

장애인 봉사 단체이기도 하지만 자연학교가 만들어 지는 과정에 한벗회가 큰 역할을 하게 된 것도 결코 우연만은 아니었다.

두밀리 자연학교가 걸어온 길

"하여튼 서울 애들은 문제가 많아요. 말하는 것도 까졌고, 얌전히 앉아 있지도 못하고 돼지처럼 뭘 그렇게 주위 먹지 않나 아니면 떠들질 않나, 자꾸 밖으로 빠져 나갈 궁리만 하니 괜히 데리고 온것 아니에요?"

골목무대 공연 중에 무대 뒤에서 공연하는 사람들 뒷바라지 하고 있던 김희영 선생님은, 그렇지 않아도 공연은 거들떠 보지도 않고 떠들면서 밖으로 왔다 갔다하기만 하는 자기 반 아이들 모습을 걱정스럽게 보고 있었다. 공연 끝나고 선생님들 평가회 때 이런 말이 나올 것은 너무 뻔했다.

그렇지만 서울 애들을 한쪽으로만 몰아 부치는 게 김선생님한테는 불만이었다. 사실 시골에 처음 와 본 아이들로서는 무대보다 주변의 자연에 눈이 팔려 공연 같은 게 눈에 들어 올 리가 없었다.

"하지만 아이들만 탓할 것은 못 된다고 생각해요. 서울 애들에게 언제 이런 자연을 보여 준 적이 있나요. 아침에 일어나면 온통 세상은 아스팔트에다 콘크리트 건물들 뿐이고 놀 거리가 별로 없는 애들에게 텔레비전 따라 하는 것만 갖고 뭐라 할 수 있나요? 여기 두밀 분교 애들이 불쌍한 게 아니라 오히려 자연으로부터 소외된 서울 애들이 더 불쌍한 것 아닐까요?"

사실 오늘은 두밀 분교 어린이들이 주인공이었다. 서울 애들은 김선생님이 자기 반 아이들에게도 이런 기회를 보여 주고 싶어 손님(?) 자격으로 데리고 온 것이다. 그런데 공연 분위기를 서울 애들이 망쳐 놓았으니 욕을 먹는 것은 어쩌면 당연한 일이었다.

그러나 김선생님의 지적은 한벗회의 골목무대 회원들에게 새로운 문제 제기로 받아들여졌다. 그동안 골목무대는 문화로부터 소외된 달동네나 외딴 시골 어린이들에게 일종의 위문 공연을 보여 주기 위해 전국 여러 지역을 순회하고 있었다. 오늘도 그런 성격의 자리였던 것이다.

그런데 불청객처럼 찾아 온 김선생님 반 아이들의 행동을 보면서 문화 혜택을 받고 자라는 서울 애들이 의외로 더 문제일 것이라는 점을 새롭게 알게 된 것이다. 이날 김선생님의 지적이 계기가 되어, 문화로부터 소외된 시골 애들만이 아니라 자연으로부터 소외된 서울 애들을 위해서도 골목 무대는 뭔가를 해야 된다는 결론을 내렸다. 문화 공연이 아니라 서울 애들과 분교 애들을 데리고 공동 자연캠프를 열자는 게 그것이었다. 이렇게 해서 두밀리 자연학교의 전신이라 할 수 있는 최초의 자연학교가 두밀 분교 학생 40명과 서울 애들 20명을 합쳐 60명을 모아 두밀 분교에서 열게 되었다.

당시 나는 지금의 자연학교인 두밀리 터를 구하러 다니고 있었다. 꼭 자연학교를 만들겠다는 계획을 갖고 한 것은 아니었다. 자연학교를 할 만큼 큰 터를 구할 돈도 없었고, 또 그 곳은 건물을 지을 수가 없게 되어 있기 때문이었다. 한벗회 수련 장소이기도 하면서 지금의 주말 농장처럼 텃밭 정도에다 아이들이 와서 재미있게 놀다 갈 수 있는 정도로 생각했을 뿐이었다. 그런 이 땅이 지금의 훌륭한 자연학교가 될 수 있을 것이라고는 전혀 생각하지 못했던 것이다.

이날 골목 무대의 두밀 분교 공연은 박평용 선생님 소개로 이뤄졌다. '가평을 사랑하는 모임'의 회원이었던 박평용 선생님은 80년대 초(82-83년 쯤) 서울 국민학생과 가평 국민학생간의 교환 수학여행을 이끌고 있었다. 서울 수학 여행 때문에 교회에서 숙박하고 있던 박선생님을 그 교회 주일학교 선생님을 통해 당시 한벗회 운영위원으로 있던 나와 알게 된 것이다.

나는 만나자마자 대뜸 뜬금 없는 질문을 던졌다.

"박선생! 우리 어린이들에게 꿈을 줄 수 있는 일이 없겠습니까?"

그랬더니 박선생은 역으로 나에게 질문을 던진다.

"채박사님! 왜 우리는 노벨상을 못 타는지 아십니까?"

"……?"

"세계적으로 유명한 이태리의 한 디자인 학교가 도시에 있지 않고 시골 산구석에 있다고 합니다. 왜 그럴까요? 그 곳에서 학생들은 들꽃과 식물들의 모양, 색을 배운다고 합니다. 들꽃의 모양만큼 정교한 것은 없기 때문이죠 색깔 또한 마찬가지입니다. 같은 색의 가지 색깔들을 사람들은 많아야 28가지밖에 구별 못한다고 합니다. 그러나 들꽃은 같은 색에서도 32가지의 가지 색깔들을 갖고 있다고 합니다. 이런 것들을 컴퓨터로 합성하여 변형시키면서 다양한 모양과 색깔들을 만드는 것입니다. 그러니 직선과 사각형만 있는 도시에서 공부하는 것과 같은 것이라곤 하나도 없는 무한의 자연 속에서 공부하는 것과는 창의력 면에서 엄청난 차이가 난다는 것이죠."

이를테면 학교에서도 학원에서도 집에서도 사각형 책상에 구속된 아이들, 그래서 자유롭지 못한 아이들에게서 창의력이 어떻게 나오겠냐는 것이다. 자연 속에서 맘껏 뛰어 놀며 자연에 동화되어 자연으로부터 배운다면 그만큼 훌륭한 선생님이 없다는 것이다.

내 머리는 갑자기 맑아지기 시작했다. 선문답 같은 우리 대화 속에서 모든 것이 풀리는 듯 했다.

"박선생! 우리 당장 그런 학교를 만듭시다. 아이들에게 사계절의 변화와 자연의 힘을 가르쳐 주는 자연학교를 만듭시다. 일명 '사계절 자연학교' 어떻습니까?"

우리들의 대화는 급진전했다.

"채박사님께서 두밀리에다 땅을 하나 사셨다면서요?"

"그게 근데…, 너무 좁고 건물을 지을 수가 없어서…."

"아닙니다. 건물을 안 짓는 게 더 좋지 않겠습니까? 있는 그대로 자연의 모습을 보여 주는 게 진짜 자연학교일 것입니다. 그리고 자연학교가 보통 학교처럼 클 필요는 절대 없습니다. '작은 학교'를 만들면 됩니다. 한반에 4, 50명씩 수용하는 지금의 큰 학교처럼 해서는 제대로 된 교육을 할 수가 없습니다."

나는 당장 김희영 선생을 만났다. 한벗회의 골목 무대에서 두밀 분교 아이들과 김선생 반 아이들이 자연 캠프하고 있다는 것을 알고 있었기 때문이다. 원래 일을 저지르기 잘하는 나는 일단 김선생을 끌어들인 다음 박선생과 함께 두밀리 땅을 자연학교로 만들 계획을 세워갔다. 그리고 일사천리로 1차 자연학교 계획까지 세우고 프로그램과 홍보 팜플렛까지 만들었다. 그러나 계획만 갖고는 될일이 아니었다. 아이와 선생들이 있어야 했다.

그러나 아이들이야 선생님들이 모아지면 되겠지만 그게 만만한일이 아니었다. '안전'주의가 몸에 밴 일선 교장들이 아이들을 자연학교에 보낼 리가 만무했던 것이다. 담임 선생이 학생 한명일지라도 학교 밖으로 데리고 나가려면 교장 선생한테 허락을 받아야 하는 게 우리 학교의 현실이다. 그런데 몇십명을 아무 시설도 안되 있는 이런 험한 자연학교에 학생들을 보낼 그런 용기 있는 사람이 몇이나 되겠는가. 이 때문에 김선생은 고민이 많았던 모양이다.

김선생은 자주 만나던 교사 선생님 모임에 도움을 요청했다. 그중에는 지금 자연학교 선생님들을 모으는데 혁혁한 공로를 세운 일명 '처녀당'(처녀 선생님 모임)이라는 모임도 있었다. 그리고 다른 선후배 동료 선생들도 열심히 만나러 다녔다. 그렇게 해서 지금 20여명이나 되는 훌륭한 자연학교 선생님들이 모일 수 있게 된 것이다.

자연학교 초기에는 선생님들이 아주 열성적으로 프로그램을 준비했다. 대부분 학교에서 보이스카웃, 걸스카웃 대장 선생님들이 많아 프로그램 짜는 데에는 별 어려움이 없었다. 여자 남자 애들을 반대로 왕자 공주로 만들기, 자연 올림픽 체육대회, 자연물로 그림 그리기, 들꽃, 곤충 강의, 환경 교육 등등 여러 가지 의미있는 교육 프로그램들을 만들었다.

그런데 우리의 기대와는 달리 애들의 반응은 시큰둥했다. 선생님들이 준비한 것들에 별로 관심을 보이지 않은 것이다. 혹시 프로그램이 재미없어서 그런가해서 선생님들은 경쟁적으로 열심히 새로운 프로그램을 개발했다. 그러나 여전히 애들은 변하지 않았다.

"선생님! 꼭 들어야 해요?"

"나는 물놀이만 하고 싶은데…,"

"나는 모닥불 놀이가 재미있어요."

"맞아요, 선생님 우리 그냥 놀아요."

나와 선생님들은 애들을 재우고 밤새 토론을 거듭해야 했다. 그리고 모두가 공감한 것은 여기 와서까지 애들을 가르치려는 것은 뭔가 문제가 있다는 것이다. 물론 문제는 계속 지적되었다.

"여기 와서도 뭔가 공부해야 된다는 것이 애들에게 부담될 것으로 생각은 됩니다. 그러나 노는 것도 좋지만 아무것도 배우는 게 없다면 아이들이 나중에 무엇을 기억하겠습니까? 자연을 조금이라도 이해해야 그만큼 자연을 즐길 수 있는 것 아닙니까?"

참으로 아이러니가 아닐 수 없었다. 가르칠 것이냐, 놀게 할 것이냐….

그러나 일단 놀게 하는 방향으로 결론을 모았다. 그리고 아이들 스스로 자연으로부터 배울 것을 기다려 보기로 했다. 이곳에서만큼은 아이들에게 한번 완벽한 자유를 누리도록 만들어 보기로 한 것이다. 잠자는 시간도 없애 버렸다. 단체 행동도 꼭 필요한 것 외에는 없애 버렸다. 그리고 나머지는 맘껏 노는 시간으로 짰다.

걱정은 되었지만 우리의 결론은 대단한 성공을 거두었다.

뜻밖이었다. 아이들은 놀기만 한 게 아니었다. 아니 오히려 놀이야 말로 매우 훌륭한 교육 방법이라는 것을 깨닫게 해 주었다. 냇가에서 물고기, 가재, 개구리 플라나리아 등과 물가 주변의 많은 들꽃들이 있는 냇가에서 애들은 수영만 하는 게 아니었다. 물고기 가재, 개구리 잡는 놈, 논에서 올챙이 잡는 놈, 들꽃으로 머리 띠 만드는 놈 등 다양했다. 그리고 애들은 그것들을 잡아와 가지고는 선생님들에게 물어 보기 시작했다.

"선생님, 요게 이름이 뭐예요?"

"음, 그것은 1급수에서만 사는 플라나리아란다."

"선생님, 이 개구리는 왜 이렇게 흉하게 생겼어요?"

"음, 배에 붉은 점이 있는 그놈은 무당 개구리란다. 몸에 독기운이 있어 이놈을 만진 손으로 눈을 비비면 안된다."

"선생님, 숲속에 누가 담배를 피우는지 불빛이 깜빡거려요?"

"이놈아, 그게 반딧불이라는 거야. 너 개똥벌레 알지, 노래에 나오는 거 말야, 그게 반딧불이야. 반딧불이는 빛을 내며 사랑을 나눈단다. 그러니 반딧불이를 보고 손전등을 비치면 안되. 빛이 밝으면 사랑하는 상대방을 서로 찾을 수 없을 것 아니냐, 사랑을 찾지 못하면 애도 못 날테고, 그렇게 되면 고놈의 예쁜 개똥벌레들이 우리 곁에서 사라지지 않겠니?"

"선생님, 옥수수에도 수염이 있네요?"

"선생님, 봄에 줄기를 땅에 심었는데 어떻게 고구마가 줄기에서 안나고 땅에서 나죠?"

"선생님, 밤은 고슴도치 형제인가요? 이렇게 따가운 가시 속에 숨어 있으니 말이에요?"

애들의 질문은 끝이 없이 이어진다.

10년 전 초기 자연학교에는 그야말로 자연 그대로였다. 풀숲이 우거진 곳에 텐트 하나 달랑 있었고 두밀천 개울에 다리도 없어 징검다리로 건너 와야 했다. 주방 시설이나 전기불도 없었고 화장실도 없었다. 그러나 금방 쏟아 내릴 것만 같은 별빛들, 어둠을 밝혀 주는 밤의 요정 반딧불이들, 겨울인가 착각하게 만드는 처녀골의 바람컨, 멱감기 너무나 좋은 두밀천 등은 아이들 뿐만이 아니라 선생들과 우리 모두를 홀딱 자연 속에 빠지게 만들기에 충분했다.

그렇지만 나와 자연학교 총무인 아내의 생각은 약간 달랐다. 자연 그대로가 좋기는 했지만 또한 걱정이 있었던 것이다. 우선 전기 시설이 급했다. 아이들이 텐트 안에서 촛불을 켜고 있으니 화재의 위험이 걱정되었다. 또 주방 시설이 안되 있어 아내를 비롯해 여자 선생들이 이만저만 힘든 게 아니었다. 가스 렌지도 없이 실비 식당에서 쓰는 불판만으로 몇십명 분의 식사를 준비하랴 먹고 난 설거지 하랴, 그 일들을 처리하는 것은 보통 일이 아니었다. 또 화장실이 없으니 그 많은 사람들이 볼 일을 본다고 생각해 보라. 그리하여 10년 동안 하나하나 자연학교에다 시설들을 늘려 나가 초라하지만 그래도 어엿한 지금의 자연학교가 만들어졌다.

그러나 선생들은 나에게 불만이 많다. 원래 그대로가 더 좋다는 것이다.

"채박사님, 이제는 더 이상 시설을 늘리지 않는거에요, 약속 지키시는 거죠?"

매년 9월 계절학교가 끝날 때 쯤이면 선생들은 나에게 다짐을 받으려 한다. 겨울이 지나 봄이 오면 꼭 자연학교에 무슨 시설이 들어 선다는 것이다. 내가 자기들 몰래 살짝 공사를 해 놓기 때문이란다.

"나도 자연 그대로가 좋지, 허지만 애들의 안전도 생각해야 되지 않겠어, 편하자고 하는 게 아니라 좀 더 안전하면서 효율적으로 하자 이거지."

"박사님 또 그러신다. 그래도 이제는 안되요, 아셨죠?"

"그래, 그래 알았다니까"

하고 넘어 가지만, 년말이 다가오면 나는 내년에는 아이들에게 어떤 선물을 줄까를 궁리하게 된다.

'그래! 내년에는 아이들이 민물고기를 쉽게 배울 수 있도록 수족관을 만들자, 이 정도는 선생들이 이해할거야, 아니 더 좋아할지도 모르지, 애들을 위한 거니까.'

내 기대와 다르게 봄이 되어 수족관을 본 선생들은 인상을 찌푸린다. 이럴 때면 나는 먼저 선수를 친다.

"어때, 두밀천의 물고기들을 여기다 잡아 놓고 가르치면 아이들이 좋아하지 않겠어?"

"에-이, 이건 자연적이지 안찮아요? 박사님 또 약속을 어기셨어요?"

그럼 나는 껄껄 웃으며 슬쩍 피해야 한다.

"그래도 좋잖아…?"

하긴 요새 자연학교의 별들이 조금 사라진 것은 아쉽기는 하다. 밤에 화장실 가기 무서워하는 아이들을 위해 전기불을 환하게 비쳤더니 별빛이 잘 안보이는 것이다. '이제 애들이 무서워하지 않겠구나' 하고 생각하면 기분이 좋기는 하지만 반대로 아쉬운 마음 또한 어쩔 수 없었다.

'문명의 이기가 이런 것이구나'라는 회의가 들기도 하지만,

'나야 애들을 위하다 그렇게 된거지만, 그 불빛 땜에 별빛이 죽었나, 자연학교 위로 카페에다 방갈로 있는 낚시터까지 들어서 그 쪽에서 대낮처럼 불빛을 비치니 어쩌겠냐' 하고 합리화시키는 수밖에….

꿈을 주는 자연학교의 선생님들

　자연 속에 있으면 아이들은 스스로 배운다. 그래서 자연만큼 훌륭한 선생님은 없다. 그런 자연과 같은 선생님들이 바로 두밀리 자연학교의 선생님들이라고 나는 감히 자부하고 있다.

　두밀리 자연학교의 선생님들은 아이들의 친구다. 어떤 점에서는 아이들의 엄마이면서 아버지이고, 또 어떤 점에서는 누나이면서 오빠, 형 같은 분들이다. 그렇지만 더 자랑스러운 것은 아이들을 사랑하고 존경할 줄 아는 분들이 우리 자연학교의 선생님들이라는 것이다.

　20분이나 되는 자연학교 선생님들과 도움을 주신 많은 분들을 여기 다 소개하지 못하는 게 못내 아쉽기만 하다. 게으름 때문에 그 분들의 이야기를 다 쓰지 못하는 내 탓이 제일 크다. 여기 소개하는 사람들은 단지 그분들만의 얘기가 아니라 우리 선생님들 모두의 얘기임을 변명삼아 하고 싶을 뿐이다.

아이들을 사랑할 줄 아는 맑은 마음을 가진 사람은 저렇게 젊을 수가 있구나를 깨닫게 해 주는 분이 바로 박평용 선생님이다. 올해 나이 52살이라고 소개하면 입을 안벌리는 사람이 없다. 큰 아들이 26살이라고 하니 벌써 손주를 볼 나이가 된 분이다.

선생님은 자연학교 초창기부터 아이들에게 들꽃이야기를 해주는 분이다. 지금도 마찬가지지만 자연학교를 만들 때 궂은 일은 도맡아 해주신 분이다. 15년 전 내가 처음 만났을 때 박선생은 청평호수 건너편 양림분교라는 작은 학교 분교장을 지내면서 자신의 사재를 털어 학교에 어린이 도서관과 과학실을 운영할 만큼 훌륭한 선생님이었다.

교직에 몸 담으신 지 23년이 된 선생님은 현재 가평 조종 초등학교 1학년 담임을 맡고 있고 줄곧 저학년만 맡아 오셨다. 사람의 중요한 인성은 예닐곱 살에서 열 열한살 나이 때에 형성되기 때문에 이때를 제일 중요하게 생각하신다.

선생님의 교육관은 첫째도 '믿음'이고 둘째도 '믿음'이라고 생각하신다. 박사가 교육 잘하는 것도 아니요 교수 방법이야 이리로 가나 저리로 가나 제대로 가기만 하면 된다는 것이다. 아이들이 선생님에 대해 믿음을 가져야 참된 교육은 가능할 수 있다. 그럴려면 먼저 선생님이 아이들을 믿고 아이들을 사랑하고 열의를 가져야만 한다.

이런 선생님을 아이들이 따르는 것은 너무나 당연한 일이다. 그러다보니 아이들은 선생님에게 벼라별 이야기를 다 의논한다.

한번은 한 아이가 잠 한숨 못잔 피곤한 얼굴로 학교에 왔다.

"너, 어제 무슨 일 있었냐?"

"잠을 제대로 못 잤어요."

"왜?"

"밤새도록 엄마 아빠가 팬티 바람으로 싸우시잖아요?"

"그래, 그럼 시끄러워 잠 못자겠다고 말씀드리지 그랬어?"

"그러면 엄마 아빠가 미안해 하실 거 아니에요, 그래서 그냥 자는 척 하고 눈감고 있었어요."

박선생님은 아이들의 이런 어른스런 생각들을 진실로 믿는 분이다. 아이들도 눈이 있고 귀가 있어 나름대로 판단 능력도 갖고 있는 인격체다. 단지 폭넓게 생각하지 못할 뿐.

며칠 후에 그 애 엄마한테서 전화가 왔다.

"요전에 밤중에 재미있는 일 있었다면서요?"

하니까 깜짝 놀라신다.

"아니, 어떻게 아셨어요?"

"뭘 어떻게 알아요, 다 사람 사는 얘기고 재미있는 일이죠."

"우리 애가 얘기했나 보죠?"

"참 속이 깊은 놈이에요, 엄마 아빠가 미안해 하실까봐 자는 척 하느라 잠을 못 잤다는 거에요."

이렇게 선생님은 아이 교육만이 아니라 학부모 교육도 하신다. 그리고 나면 엄마 아빠는 싸우는 방법도 바뀌게 된다는 것이다.

선생님은 이제 학교 교육만 갖고는 안된다고 말씀하신다. 특히 엄마가 학교 교육에 관심을 갖고 그에 동참하고 협조해야만 제대로 된 교육이 된다고 강조하신다. 그러지 않으면 아이의 인성 교육이 무너지게 된다는 것이다.

선생님 반에는 유독 편부모 슬하의 아이들이 많다. 새로 아이들이 입학하면 자진해서 선생님은 그런 문제 가정의 아이들을 당신 반으로 모은다. 경험이 없는 선생님이나 특히 처녀 선생님이 그런 아이를 맡으면 그 선생님도 고생하시고 아이를 제대로 이끌어 줄 수가 없기 때문이다.

그런 아이들은 대체로 잘 울 때가 많단다. 그럼 선생님은 끝까지 울게 냅둔다. 그리고 다 울고 나면,

"왜 오늘 기분 안좋은 일 있었냐?"

엄마 아빠가 돌아가셔서 76살 홀 할머니 밑에서 자라는 아이였다.

"할머니가요, 몸이 너무 아퍼서 이제 나를 돌보지 못하겠으니 나가서 죽어 버리라고 하잖아요."

"그건, 할머니 진심이 아냐, 몸이 아파서 너한테 잘해주고 싶은데 못해주서서 그런거야."

"정말이요?"

"그럼, 오늘 집에 가면 '할머니 많이 아프시죠' 하고 등 두드려 드리고 발로 시원하게 밟아 드려봐, 그러면 할머니가 아주 좋아하실거야."

"그래요?"

하며 집으로 달려간다.

요새는 가족 이기주의가 너무 심한 게 문제란다. 날 때는 내 아이지만 나고 나면 다 우리의 아이라는 의식이 없어진 오늘의 세태

를 박선생님은 매우 걱정하신다. 그게 다 자연의 이치를 벗어나서 욕심에 가득한 생존 경쟁만이 판을 쳐 매정한 사회가 되었기 때문이다.

그래서 선생님은 자연 환경에 있으면 절대 이런 일이 일어나지 않는다고 역설하신다. 자연을 통해 생명력을 배우고, 인내력과 적응력을 배우며 또한 함께 사는 법을 배운다면 삭막한 이기적 경쟁에 빠지지 않는다는 것이다.

특히 박선생은 싸우는 아이들을 말리지 않는 괴짜 선생님으로 유명하다. 싸움이 붙어 서로 양보를 안하려 하면 선생님은 애들을 따로 운동장으로 데리고 가 동그랗게 원을 그려 그 속에서 맘 놓고 싸우라고 한다. 그리고 교실에 들어가 있으면 애들은 10분도 못 싸우고 대개 머쓱해 하며 들어온다.

"왜, 다 싸웠어?"

"에-이, 재미없어서 그냥 들어 왔어요."

싸우는 아이들을 무조건 말리면 밖으로 분출해야 할 것들이 속으로 쌓이게 되고 그게 풀어지지 못하면 애들에겐 남을 원망하고 배척하는 마음이 생긴다. 옛날 말처럼 애들은 그렇게 싸우면서 친해지는 것이다. 싸움에 진 놈은 앞으로는 싸움으로까지 가기 전에 대화로 문제를 풀 지혜를 배운다. 이긴 놈은 금방 의기양양해질지는 몰라도 힘만 갖고는 안된다는 것을 곧 배우게 된다. 그래서 싸우는 것도 삶에 대한 소중한 공부라고 선생님은 생각하신다. 그만큼 아이들을 믿기 때문이다.

아이들의 엄마요 언니 같은 분이 김희영 선생님이다. 김선생은 두밀리 자연학교를 '노는' 학교로 만든 장본인이다. 그만큼 아이들의 입장에서 생각하고 애들을 이해할 줄 아는 분이다. 그래서 김선생은 '문제아'들을 문제아로 보지 않는다. 문제아들이야 사실 틀에 짜맞추려는 학교 교육에 희생된 '놀놀이'들 아닌가. 이 아이들은 자연학교에 오면 우등생으로 변한다. 자연학교에서는 열심히 놀아야만 우등생이 될 수 있기 때문이다.

"애들은 밖에 나가면 선생이 필요 없어요. 자기들끼리 밤새 놀면서 추억도 만들고, 뭔가를 만들고 배우고 옵니다. 단지 선생은 애들이 궁금한 게 있을 때 물어 보는 교육 보조자에 불과하다는 거죠."

애들이 스스로 배우고 선생님이 그에 협조해 줄 때 선생과 아이 간에 공통화제가 생겨 비로소 교육이 가능해 진다는 것이다. 그래서 선생님은 자연학교에 돌아가면서 7-8명 정도 아이들만 데리고 온다. 그래야 가까운 개인 접촉이 이루어지고 사제간에 이해심이 생기면서 이후 교실 분위기도 바뀌어 간다고 한다.

김선생 반에 한영이라는 문제아가 있었다. 맨날 지각하는 데다 오락하느라 수업 빼먹기를 밥먹듯이 하는 놈이다. 책 읽어 오기와 일기 쓰기뿐인 숙제조차 하지 않고 차라리 매맞고 말겠다는 심보를 가진 놈이었다. 그런 놈이 선생님 따라 자연학교에 들어 왔는데, 자연학교에서 만난 다른 선생님이 버찌, 산딸기, 오디 등을 따주며 "나는 어렸을 때 이런 걸 따먹으며 자랐단다"는 말을 듣고는, 담임인 김선생에게 와서 "그 선생님은요, 얼마나 가난하게 살았으면 이런 걸 먹고 자랐데요"하더란다.

"선생님들 어렸을 때는 매일 산에서 놀며 자랐단다. 배고프다고 노는 걸 중단하고 힘들게 집에 내려가 밥먹고 다시 올라 오면 얼마나 김 빠지겠니. 가난해서만이 아니라 열심히 놀기 위해 산에서 배도 채우며 논거란다. 놀면서 먹고 먹으면서 노니 무척 신나게 놀 수 있었던 거야."

한영이는 놀면서 먹는다는 말에 공감했는지 선생님 말을 진지하게 듣고는, 내일은 일기 써 오겠다고 약속하고 집에 갔단다. 이렇게 선생님과 아이 사이에 공통의 화제 거리가 생기면서 사제간에 벽이 없어지고 비로소 교육이 가능해지는 것이다.

한영이는 학교가 만든 규칙 때문에 문제아인거지 어떻게 그 아이가 본질적으로 문제 아이겠는가? 한영이는 텔레비전 사극을 보고 "왕자의 난이 쿠데타에요, 혁명이에요?"하고 질문을 할 정도로 사실 머리가 비상한 아이란다.

아이들은 자유로울수록 마음을 열고 많은 것을 배운다. 맘껏 뛰어 다녀야 할 나이에 학교에서도 책상에, 학원 가서도 책상에, 집에서 숙제하라는 엄마 땜에 또 책상에 구속되어 있으니 그 많은 에너지를 풀지 못해 문제아가 될 수밖에 없다는 것이다. 그래서 김선생은 아이들의 에너지를 분출해 줄 탈출구를 만들어 주는 게 선생의 역할이 아니냐고 반문한다. 오히려 자연학교에서는 시키는 대로 하는 우등생이 더 문제아 되기도 한다. 선생님이 가르쳐 주지 않으면 스스로 문제를 풀 능력이 없으니 문제아일 수밖에 없는 것이다.

초등학교를 졸업한 제자들도 김선생님과 자주 연락하고 찾아오기도 한다. 중고등학교에 들어간 그 아이들을 보면서 선생님은 또 고민에 빠진다.

"사춘기 아이들은 더 많은 변화를 겪게 됩니다. 그리고 문제는 초등학교 때보다 그때 많이 생기죠. 그렇지만 초등학교 선생만 하다 보니 그 아이들 상황이나 심리가 잘 연상이 안되요. 졸업한 애들이 찾아와 고민을 얘기하면, 선생으로서 참 무력감을 느낄 수밖에 없어요. 내가 할 수 있는 거라곤 고작해야 애들 얘기를 들어 주는 것밖에 없죠. 그것도 애들에겐 힘이 되겠지라는 막연한 기대뿐이에요."

선생님은 지금도 고등학생이 된 제자들과 함께 놀러 가곤 한다. 모닥불 펴 놓고 애들과 이런 저런 얘기를 나눈다.

"우리가 선생님을 얼마나 봐줬는지 모르시죠?"

"……?"

"우리끼리 싸움이 붙으면 선생님 마음 아플까봐 몰래 구석진 곳에 가서 싸운 것도 모르시죠? 그뿐이 아니에요. 중학교 때는 얼마나 괴로운지 진짜 가출하고 싶은 마음이 굴뚝 같았어요. 주변의 친구들도 꼬시고 그러는데 그때마다 선생님 얼굴이 떠올라 차마 그러질 못했어요. 선생님 아니었으면 벌써 가출했을지도 몰라요."

이럴 때 선생님은 아이들이 얼마나 고마운지 모른단다.

자연학교에 오면 내 아내와 함께 항상 '밥떼기' 역할을 자청하는 김선생은 아이들이 맘껏 놀 수 있도록 먹거리를 제공해 주느라 바쁜 사람이다. 김선생은 그런 분이다.

아마 교실에 대통령이 있다면 그것은 강숙랑 선생을 두고 한 말일 것이다. 그러나 누가 대통령인지 모르게 하는 게 강선생의 특기다. 아이들 스스로 배우게 만드는 데에는 천부적인 조직 능력을 타고 난 선생이다.

선생님 반 아이들은 철저하게 협동 생활 속에서 공부한다. 6명이 한 조가 되는 모둠에는 모둠을 이끌어 가는 '지팡이'가 있다. 그리고 나머지 아이들도 고유한 자기만의 역할이 있다. 지팡이는 그 모둠의 활동을 스스로 평가하는 검사장을 관리한다. 어떤 아이는 독서 생활을 책임지고, 어떤 아이는 토의를 이끄는 아이가 있다. 자기가 맡은 일에서는 각자 자기가 왕이다. 발표를 잘하거나 그래서 선생님한테 칭찬 받으면 자기들이 검사장에 正자 막대기를 하나씩 그어 가며 성적을 매긴다. 그렇게 해서 한명이라도 게으르면 전체가 문제가 되기 때문에 6명이 똘똘 뭉치게 된다.

여기에다 선생님은 아이들에게 제일 인기 있는 자연학교를 잘 이용한다. 모둠 성적이 좋아야 자연학교에 데리고 가기 때문에 한 명도 빠짐 없이 열심히 하자고 서로를 독려한다. 누군가 까먹을 아이가 있을까봐 과제 준비물을 두 개나 가져 오는 애도 있다. 어떨 때는 숙제를 두 개나 준비해 오는 애도 있다. 그렇지만 선생님은 한달에 한번씩 모둠을 바꿔가며 모든 애들이 한번씩은 자연학교에 갈 수 있는 기회를 만들어 준다. 아이들은 잘 모르게.

그리고 아이들은 자연학교에 갔다 오면 하나씩 바뀌어간다. 선생님도 잘 몰랐던 아이들의 모습을 발견하곤 하는 것이다.

선생님 반에 꽤 소극적인 아이가 있었다. 공부도 잘 안하고 의욕도 없는 애인 모양이었다. 그런데 이 아이를 자연학교에다 풀어 놓았더니 다른 친구들을 데리고 다니며 자연과 그렇게 잘 어울려 노는 게 아닌가. 나중에 그 아이의 꿈이 농부가 되는 것이라는 얘기를 듣고는 참으로 놀라웠다고 한다. 그래서 평소 그 아이의 학교 생활과 생각을 관심있게 살펴 보니 참으로 개성이 독특한 아이라는 것을 알게 되었다. 자연학교가 아니었으면 그 아이를 선생님은 계속 이해하지 못할 뻔한 것이다.

그리고 교실에선 서로 쥐어 박고 싸울 갈등도 자연에선 아무 문제가 안된다는 것을 알았다. 갈등도 정화될 뿐만 아니라 아이들은 자연에서 넓은 마음을 배워갔다. 교실처럼 갇혀 있지 않은 자연에서 자유를 누리며 신나게 놀기 바빠 싸울 새가 없으니 그런 마음을 자연스럽게 배우는 것이다.

선생님도 자연학교 초기에는 아이들을 놀기만 하는 게 아니라 뭔가 교육적인 내용을 주어야 한다고 생각했다. 그러나 선생님이 가르쳐 주지 않아도 이렇게 아이들이 스스로 배우는 모습을 보며 생각을 바꾸게 되었다고 한다. 그리고 아이들이 자연학교를 한번 갔다 오면 교실의 분위기도 확 바뀌어 수업하기가 그렇게 좋아질 수가 없다고 한다.

선생님 반 이름은 '들꽃'반이다. 그리고 그 반 아이들만 입고 다니는 '들꽃 티셔츠'도 있다. 반가도 들꽃 노래다. 아이들은 자연스럽게 자기가 들꽃 반인 것을 자랑스럽게 생각한다. 선생님은 아이들에게 들꽃 정신을 가르쳐 주며 자부심을 더 북돋는다.

"들꽃은 꽃 중에서도 제일 강인한 꽃이에요, 꽃을 피울 때가 되

면 자갈 밭이든 모래 밭이든 어떤 상황에서도 결국 꽃을 피우고 말죠. 들꽃은 항상 무리지어 피는 꽃이에요. 혼자 있지 않아요. 이웃들과 함께 있을 때 더욱 아름답게 핀답니다. 그렇지만 들꽃들은 아름다운 자기만의 향을 갖고 있어요. 자기마다 독특한 개성을 갖고 있는 꽃이라는 거에요. 선생님은 들꽃처럼 여러분들이 강인하면서 친구와 협력할 줄 알고 그러면서도 자기만의 개성을 갖고 있는 사람이기 바래요."

그러면 어느 새 아이들은 들꽃 꿈을 자기 마음에 간직하게 된다. 아이들은 들꽃 티셔츠를 자랑스럽게 입고 다니기 때문에 어디 가서 나쁜 짓을 못한다. 하다못해 오락실만 가도 금방 소문이 나기 때문에 그럴 때는 옷을 바꿔 입지 않으면 안된다. 그렇게 해서 들꽃 반이 소리 없이 알려져 애들이 그 옷을 입고 다니면 괜히 아는 척하는 사람도 있다고 한다.

"너, 강선생님 들꽃 반이구나, 선생님한테 아저씨가 안부 전하더라고 전해주렴!"

애들을 신명나게 해 주는 데에도 강선생은 선수다. 내일 비가 올 것 같으면 아이들에게 꼭 속옷까지 두 벌을 준비시킨다. 비 오는 날이면 맨발로 운동장에서 축구하는 날이기 때문이다. 도시 아이들이라 처음엔 머뭇거리기도 했지만, 이제는 비오는 날만 기다린다. 오랫동안 비가 안오면 단체로 기우제를 지내자고 하는 아이들이다. 진흙을 온몸에 뒤집어 쓰고 공을 차며 친구들끼리 범벅이 된다. 비 맞는 것도 신나지만 맨발로 진흙의 부드러운 감촉을 느끼며 뛴다는 것은 더욱 신나는 일이다.

이렇게 강선생의 아이들에겐 학교에서든 밖에서든 자연학습이 따로 없다. 그리고 강선생은 항상 애들을 밖으로 데리고 다니며 '사계절 자연학교'를 한다. 봄 여름엔 두밀리 자연학교에서, 가을엔 선생님 고향인 부여에서 사과 따먹기를 하고, 겨울엔 방학 이동 교실을 운영한다. 특히 겨울의 눈오는 바다를 구경하면 애들은 완전히 환상 속에 빠져든다. 그러며 문득 겨울 여행길에서 망년회를 갖는다. 자연학습으로 정신없던 한 해를 보내는 촛불을 켜고 무엇을 잊고 무엇을 바랄건가를 생각하면서 애들은 곧 중학생이 된다.

이렇게 강선생은 항상 아이들을 바쁘게 만든다. 그리고 아이들은 강선생님과 보낸 6학년 시절을 영원히 고향처럼 간직하며 험난한 세상을 꿋꿋이 헤쳐갈 것이다.

어린이들의 친구이자 형님 같은 분이 자연학교의 '놀뜨기' 김권형 선생님이다. 놀뜨기로서 함께 놀아주는 선생님은 특히 '개똥벌레' 노래 무용으로 아이들의 인기를 몇 년째 독차지하고 있다. 어떻게 놀뜨기가 되었는지 그 사연을 들어 보면 김선생이야말로 스스로 배우고 새로운 자기를 발견할 줄 아는 그런 분이란 것을 알게 된다.

원래 김선생은 남들 앞에서 자기 의견도 제대로 발표하지 못하는 새침떼기 청년이었다고 한다. 교대 학생 시절, 어떤 모임에서 선배 하나가 김선생 보고 갑자기 율동 담당 사회를 거의 반강제로 시켰다고 한다. 그래서 즉석에서 생각해낸 게 지금의 개똥벌레 무용이었단다.

그런데 사람들에게 얼마나 박수를 받았던지 자기 자신도 너무 놀라고 말았다. 나한테 이런 '끼'가 있었는지 전혀 몰랐기 때문이다. 그때부터 김선생은 혼자서 책을 갔다 놓고 레크레이션 공부를 독학하며 소심한 성격을 벗어 던져 버렸다.

김선생이 전교조 선생님이 된 것도 그런 식이었다. 대학생들 데모가 있을 때 한번 돌을 집었다가, '내가 왜 돌을 던져야 하지' 하며 도로 내려 놓고 돌아설 정도로 김선생은 유순한 학생이었다. 4학년이 되어 학생회 활동을 도와주던 것이 계기가 되어 교사가 되면 전교조에 가입하겠다고 결심을 했단다. 마음이 열려 있는 김선생은 무언가 새로운 것을 발견하고 그것이 필요하다고 생각되면 곧 자기 자신을 변신시켜 온 그런 분이다. 배울 줄 아는 사람이 가르칠 수 있다는 말을 생각하게 만드는 선생님이다.

한번은 김선생님 반 아이의 엄마가 자연학교에 오신 적이 있다. 마찬가지로 교직 생활을 하시는 그 어머니는, 아들에게 담임 선생님 얘기를 듣고 감동이 되어 자연학교에 오게 되었고 그 후부터 아들을 따라 와서는 꼭 자모 봉사 활동을 하시는 고마운 분이다. 나는 반 아이들의 발을 일일이 씻겨 주었던 김선생의 또다른 면모를 그 자모로부터 들었다.

그래서 김선생에게 직접 그 일을 들어 보았더니 참 지혜로우면서도 존경스런 얘기였다.

"매년 5월이 되면 아이들에게 전근가게 될 거라고 소문을 내곤 했어요. 그때 쯤 되면 선생님에 대한 신선감이 떨어지고 타성이 생

158

길 때라서 선생님이 얼마나 소중한 존재인지를 깨닫게 하려고 일부러 장난을 친거죠. 그런데 그 짓을 3년쯤 해보니 이제 애들도 안 속는 거에요. 그래서 이번엔 방법을 바꿔야겠다 생각하고, 아이들에게 나를 회초리로 때려 보게 할까도 생각해 봤지만 잘못하다간 내가 골병들 것 같아 쉬운 걸 생각해 낸 게 그것이었죠."

권위 있는 스승의 모습보다는 선생님은 너희들을 사랑하고 존경한다는 자상한 모습을 보이려 했다는 것이다.

전교조 후원 모임에 갔다가 후원금 대신에 들어온 양말을 사게 되어, 이를 애들에게 어떻게 선물로 줄까 궁리해 낸 게 발을 씻겨주고 양말을 신겨주기로 했다는 것이다.

예수가 그랬던 것처럼 사실 발을 씻겨 주는 행위는 극도의 존경을 표하는 의식적인 행위이다. 그것이 아래 사람에게 행해진다면 그 의미는 더 강렬해진다.

"먼저 아이들 발을 해방시켜 주고 싶었어요. 저 어릴 때만 해도 시골에선 맨발로 다닌 적이 많았어요. 그런데 요새 도시 애들은 언제 맨발로 땅을 디뎌볼 기회가 있겠어요. 더구나 팔팔 뛰어다닐 나이에 발의 감각을 살려주는 것도 중요하다고 생각했어요. 그래서 맨발로 먼저 운동장과 마루바닥을 뛰게 했죠. 흙과 모래, 나무 바닥을 발로 마음껏 느끼게 한 거죠."

그리고 나서 애들을 하나 하나 불러 발을 씻겨 주었다.

"네 발은 항공모함이구나!"

"네 발은 아주 예쁘게 생겼구나!"

그리고 한놈 한놈씩 양말을 신겨주고서,

"선생님은 여러분들을 사랑하고 존경한단다. 발을 씻긴 것은 선생님의 그런 마음을 여러분에게 전달하고 싶어서였다. 발은 사람이 서서 걸을 수 있도록 해주는 소중한 존재다. 땅을 딛는다 해서 더러운 것도 아니고 공을 차듯 힘만 쓰는 도구가 아니란다. 손으로 촉감을 느끼듯이 발도 그런 감각을 갖고 있단다. 땅의 고마움을 아는 것은 발이란다. 그런 발을 우리 앞으로 소중히 여기도록 하자. 그리고 선생님이 너희들을 사랑하고 존경하듯이 너의들도 서로서로 아끼고 존경하는 친구 사이가 되었으면 좋겠다."

발을 씻길 때 아이들의 느낌은 다양했다. 이상하고 쑥스런 느낌을 가진 아이도 있고, 또 선생님의 따뜻하고 부드러운 손과 마음을 느낀 아이도 있는가 하면, 어떤 아이는 "선생님, 한번 더 씻겨 주면 안되요?" 하며 재미있어 하는 아이도 있었다 한다.

김선생님은 아이들이 모두다 자기처럼 느끼길 바라지는 않았다. 단지 아이들에게 좀 더 색다른 경험을 느끼게 해 주고 싶었을 뿐이었다. 사실 우리나라 선생님들 중에 제자들 발을 씻겨 줄 생각을 해 본 사람이 몇이나 되겠는가. 선생님의 그런 사랑은 커 갈수록 더 아이들 마음 속에 자리 잡게 될 것이다. 그 따뜻한 사랑이 애들과 함께 한다면 그것은 아이들이 세상을 살아가는 데 큰 힘이 될 것이다.

자연학교의 또다른 자랑거리는 아이들에게 자연의 무궁무진한 신비스런 얘기와 재미있는 공연을 해주시는 선생님들이다.

들꽃 이야기를 해주시는 박평용 선생님을 비롯해 민물고기 박사

최기철 선생님, 곤충 이야기 김정환 선생님, 별자리 이야기 이태형 선생님 등이 그 분들이다.

최기철 박사님은 어느날 신문에 한국 민물고기 보존협회 에 관한 기사를 통해 처음 알게 되었다. 거기에서 최박사님의 말씀이 어린이들이 마음놓고 먹을 감을 수 있는 곳 천 군데를 만드는 것이 당신의 꿈이라고 했다.

나는 그 기사를 읽자마자 박사님을 찾아뵈었다. 그때 박사님의 연세가 84세로 소년 같이 티 없이 맑은 모습을 하고 계셨다. 내가 두밀리에 관해 자세히 말씀을 드렸더니 선생님께선 당장 가보자고 하신다. 선생님은 우리 자연학교 자연 풀장을 보시더니 그 물속에 놀고 있는 민물고기부터 조사하기 시작하셨다. 선생님께선 버들치, 꺽지, 갈겨니, 얼룩동사리, 새코미구리, 피라미들을 발견하시고선 이곳은 틀림 없이 오염되지 않은 1급수라는 것이다. 그 이후로 선생님은 유명한 분들을 직접 모셔와 자연학교 소개와 칭찬을 아끼지 않는다. 물론 매년 자연학교에서 강의도 빠뜨리지 않고 있다.

고려 곤충 연구소 김정환 소장님은 자연학교 곤충 선생님이다. 이 분의 글을 『과학동아』에서 읽고 초면에도 불구하고 만남을 청했다. 구로동에 있는 사무실을 방문해서 반갑게 인사드렸더니만 김 소장님은 대뜸 나에게,

"오늘은 돈이 없으니 내일에나 오시오"

하는 것이다. 내 외모만 보고 순간적으로 구걸하러 온 나환자인

줄 알고 그러는거라 생각하고 다시 한번 내 소개를 했다.

"한 시간전에 전화로 말씀드린 자연학교 교장 채규철입니다."

나야 얼굴 화상으로 인해 이런 일을 한두번 겪은 것이 아니니까 별로 상관할 바 아니였지만, 얼마나 무안해 하시던지 김소장님 등줄의 땀이 내게 느껴질 정도였다.

이렇게 만난 김 소장님은 『곤충의 마을』 『하늘에서 땅끝까지』 『알기 쉬운 곤충 이야기』 등 많은 책을 내신 분이고 그의 연구실엔 나비, 딱정벌레, 무당벌레, 사마귀 등 우리나라의 온갖 곤충에 관계된 십만 장의 슬라이드 필름을 갖고 계신 분이다. 지금까지 4년 동안 자연학교 여름캠프에서 곤충 이야기로 아이들을 즐겁게 해주고 있다.

이번엔 괴짜 이 태형 선생님이다. 고향이 춘천인 이 선생님은 어렸을때부터 별에 대한 관심이 유난했단다. 대학에 들어와서조차도 별에 대한 그리움과 신비를 억누를 수 없어 마침내 '아마추어 천문회'라는 학교 써클에 가입했단다. 어느날 봉천동 달동네에서 술을 마시다가 문득 바라본 그 별들이 너무너무 맑고 아름다웠단다. 그날 밤을 꼬박 별만 바라보며 지새웠고 그 이후 자신의 목은 늘 하늘로 향하게 되었단다. 이렇게 대학 2학년때부터 본격화된 그의 별자리 여행은 전국 아마추어 대학생 천문회의 회장까지 하며, 한편으론 꿈 많은 별자리 선생님으로 초등학교 아이들의 사랑을 독차지할 정도로 인기만점이다. 아직 팔팔한 젊은이지만 『재미있는 별자리 여행』 『별자리 365일』 등 왕성한 저작 활동도 끊임 없이 하시는 분이다.

조아라 선생님은 아름다운 목소리를 가진 멋진 가수다. 가느다란 어깨에 통기타를 메고 나타나면 아이들은 좋아서 어쩔 줄을 모른다. 노래 부르고 춤추고 아이들 게임도 지도하는 두밀리 자연학교의 레크레이션 선생님이다.

처음 그녀를 만나자마자 우리 자연학교 이야기를 해드렸더니 조선생님은 너무 좋은 일을 하신다면서 당장이라도 아이들을 지도하고 싶다고 하신다. 조선생님의 동의는 받았지만 나는 약간 머뭇거렸다. 그리곤 우리 학교는 매년 적자 운영을 면치 못하는 가난한 학교라 강사료를 많이는 못 드린다고 고백했다. 내 말을 듣기만 하더니 새빨개진 얼굴로 '아이들을 위한 자원 봉사 활동인데 무슨 말씀을 하시냐'며 교통비 정도면 족하다고 하였다. 그때부터 지금까지 매달 아니면 필요한 때면 언제나 자연학교를 위한 일에 발벗고 나서고 계신다.

자연학교의 색다른 자랑거리 하나가 있다. 바로 거의 매주 토요일 밤마다 하는 팬터 마임 공연이다. 우리나라에서 유명한 고재경씨, 강정균씨가 그 단골 배우들이다.

그 외에 비누 방울 마임을 하는 일본 친구 오꾸다씨도 있다. 우리 학교 아이들은 여름 밤 별이 총총할 때 펼쳐지는 공연을 넋이 나가도록 좋아한다. 배우들의 익살스런 얼굴 표정에 배를 잡고 웃기 바쁘고 극중에 배우들이 만들어 주는 풍선 만들기는 아이들간에 전쟁을 일으키기도 한다. 어른들에게는 그저 풍선일 뿐이지만 이 배우들 손에 들어가기만 하면 새, 고양이, 원숭이 심지어 공룡 까지 안되는 것이 없는 것이다.

매년 자연학교에 오셔서 똥 퍼주고 가시는 목사님이 계시다.

가난한 민중 교회를 하시는 최의팔 목사님이 그 분이다. 한벗회 사무장님을 맡은 적도 있으신 목사님은 벌써 삼사 년 동안 단골 손 님으로 자연학교에 수련회 하러 오신다.

그는 언제나 내 아내에게 묻는다.

"사모님, 제일 어려운 일이 뭐지요? 우리가 좀 도와드리고 갈께 요."

그러면 아내는 한 박자도 쉬지 않고,

"화장실 푸는 거예요" 하고 힘차게 대답한다.

자연학교 푸세식 화장실은 일년에 네 번 퍼낸다. 그것을 힘없는 아녀자가 하려니 보통 어려운 일이 아니다. 우선 거름으로 썩일 웅 덩이를 파는 일이 가장 어렵다. 더구나 아이들이 제일 많이 들어오 는 7, 8월이면 보통 곤욕을 치르는 게 아니다. 냄새도 제일 독할 때 고, 구더기도 우글우글거리고, 양도 많으니 아무 생각 없이 덤벼들 었다간 큰코 다치기 일쑤다.

이 일이 너무 힘들어 수세식 화장실로 바꿀까도 생각한 적이 있 었다. 그런데 아무리 생각해 보아도 수세식 화장실은 자연학교에 어울리지가 않았다. 거기에서 쏟아지는 오염물을 처리하는 게 더 큰 문젯거리가 되기 때문이다.

　자연학교 두밀천에 화장실 푸는 차가 들어올 수 있도록 다리를 놓을까도 생각해 보았다. 마침 자연학교 밑에서 벼 농사 짓는 주인이 서로 돈을 합쳐 다리를 놓자고 하기에 잘됐다 싶어 한번 추진해 보려 했다. 그런데 그 주인은 자기 땅에다 식당을 차리기 위해 다리를 놓으려 한다는 것을 알고는 다시 없던 일로 해 버렸다. 똥을 쉽게 퍼내기 위해서 두밀천에다 식당 짓는 일을 도울 수는 없지 않은가.

　또 비좁은 땅에 퍼 담을 웅덩이를 팔 곳도 많지 않아 아무튼 그놈의 똥은 항상 말썽이다. 좋아하려 노력해 보지만 그렇게 쉽지만은 않은 게 바로 똥인 것 같다. 그러니 항상 똥 푸러 오는 최목사님이 우리에겐 너무나 고마운 분이다.

　목사님은 수련회에 참석한 전 교인을 불러다 화장실 푸는 체험을 시킨다. 물론 일 번 타자는 목사님이다. 당신부터 팔을 걷고 똥바가지 들고 변소를 푸니 모든 이들이 열심히 따라 한다.

　그럼 나는 똥 푸는 대가로 화장실 하나에 향어 한 마리를 주겠다며 꼬드긴다.

　"화장실 하나 푸는데 연못에 있는 향어 한마리!"

　라고 하면 똥을 푸고 나서 손 닦을 사이도 없이 그물을 들고 연못으로 달려간다. 솥뚜껑만한 향어 세 마리 잡으면 그날 저녁 이들의 식탁에는 소주 한잔에 싱싱한 향어회가 올라온다.

　기타를 잘 치는 이집사가 노래 반주를 하면 저녁 향연은 저절로 무르익어간다. 이렇게 두밀리 자연학교의 밤은 똥냄새와 함께 떠들썩하게 이야기 꽃을 만발한다. 가난한 이웃들에게 밥 퍼주는 목사도 있지만 가난한 자연학교에 와서 똥 퍼주는 목사도 있으니 참 세상은 재미있는 곳이다.

마지막으로 자연학교를 도와준 분 중에 잊어버릴 수 없는 사람이 '이가이버' 아저씨다.

지금 두밀리 자연학교에 있는 대형 텐트 안에 깔아 놓은 평상과 주방의 조리대 등 목수가 해야 할 일은 바로 이가이버 아저씨가 도맡아 한 일이다.

이정복군.

떡벌어진 어깨에 솥뚜껑만한 주먹, 소도둑 같은 큰 발을 가진 보기드문 장골이지만 얼굴만은 선하디 선한 쑥맥 같은 이 사람은 바로 나의 풀무학원 제자였다. 30평짜리 텐트에 들어갈 평상 24개와 두 대의 주방 조리대와 밑바닥 시멘트 공사까지 만 이틀 만에 끝내 버렸으니 그 손놀림 솜씨는 도대체 아직도 이해가 가지 않는 일이다. 그래서 내가 별명을 이가이버 아저씨라고 지어준 것이다.

원래 중학교까지만 해도 깡패 왕초 노릇을 할 정도로 이가이버는 태권도에서 씨름까지 완력이라면 누구에게도 서럽지 않은 장사였다. 그런 아이를 나와 알고 지내던 그 형님이 풀무학원에 나를 믿고 유학(?)을 보내 온 것이다. 그러다 보니 학과목은 빵점이었지만 내가 가르치던 축산시간만큼은 대단히 열심이었다. 그는 얼마나 마음이 고왔던지 내가 사고당한 한참 후 어렵게 연락이 되어 만나 내 몰골을 보더니 "선생님 이럴 정도인 줄은 전혀 몰랐어요" 하며 눈가에 눈물이 그렁그렁하였다. 그러면서 나를 옷집에 데리고

166

가더니 "부슬부슬 봄비 오는 날 단벌로 다니시면 어떻게 해요?" 하
며 바바리코트를 강제로 입히는 게 아닌가.

하여튼 그렇게 마음이 따뜻한 친구였다.

한번은 지금의 7평짜리 원두막을 지을 때였다. 무거운 통나무를
거뜬히 올려다 놓는 힘도 그렇지만 손놀림이 얼마나 빠른지 우리
는 무슨 행위 예술을 보듯이 입을 떡 벌리고 구경만 하고 있었다.
그리고 조금 있다가 정신을 차리고는 "이가이버, 좀 쉬었다 하지!"
했더니 그 친구 말이 걸작이다.

"선생님, 목수들이 농땡이 부리는 것은 귀신도 모릅니다."

자연학교 구석구석 이가이버의 손길이 미치지 않은 곳이 없다.
누구보다 책임성이 강한 그 친구는 한번 손에 일을 잡으면 해질 때
까지 끝장을 본다. 그는 술 한 모금, 담배 한 대 피우지 않고 그 긴
여름날을 꼼짝 않고 일만 하는 곰탱이었다.

안전주의냐 자연주의냐?

어떤 사람들은 자연학교를 '운동권 학교(?)'라 생각하는 모양이다. 그들은 자연학교로 아이들을 인솔해 오는 선생님들은 전교조 선생님이고 자연 체험 학습은 의식화 수업의 연장일 것이라 미심쩍어 한다. 그래서 자연학교에 오기 위해선 게릴라 작전이 필요하다. 일단 학교에선 뿔뿔이 흩어져 따로따로 약속한 지하철 역에 모인다.

선생님이 학생을 데리고 학교 울타리를 넘어가려면 반드시 허락을 받아야 한다. 일 대 일로 가든, 단체로 가든 항상 그래야 한다. 또 허락을 받기도 쉽지 않다. 왜냐, 아이들의 '안전(?)'을 위해서….

전교조 선생님들은 무엇을 해도 항상 경계의 대상이다.

한번은 아이들의 반 티셔츠를 만들기 위해 애들에게 티셔츠에 새길 이름을 정하게 했다. 그래서 만들어진 이름이 '우리는 하나'였다. 선생님은 이름이 무슨 속옷 선전 같기도 해서 찜찜하긴 했지만

169

그래도 아이들이 정한 것이니 좋다고 했다. 그런데 그 티셔츠를 본 교장 선생님은 다르게 본 모양이었다.

"김 선생, 저게 무슨 뜻이죠?"

"예? 무슨 뜻이라뇨?"

"혹시, 남 북이 하나고 어쩌고 하는 것 아닙니까?"

"아니 그건 애들이 정한 것인데…, 자기들은 하나처럼 단결하겠다는, 그런 뜻 아니겠습니까? 그러고 그건 무슨 속옷 선전에 나오는 말인데, 너무 신경 쓰지 마십시오"

했다고 한다.

C초등학교 이선생님은 자연학교 애들에게 참가비를 걷었다가 아주 혼이 난 경우다.

자연학교에도 등록금이 있다. 왕복 교통비가 3,000원, 3끼 식사 및 간식비가 5,000원, 하루 숙박비 4,000원, 시설 사용료와 운영비 조로 2,000원 합해서 14,000원이 된다. 여기에다 인솔하는 선생님은 기차역까지 가는데 드는 차비와 사진값으로 1,000원을 추가로 걷는다. 이 정도 돈으로는 남기는커녕 적자를 면하면 다행이다. 그래도 올해 들어와 참가 학생이 많아져 처음으로 현상 유지를 할 것 같다.

그런데 이선생님이 애들 데리고 자연학교 간다는 것을 교장 선생님한테 들킨 모양이다. 당연히 애들은 모두 집으로 돌아가야 했고 선생님은 교장실에 불려갔다.

허락 없이 애들을 데리고 간 사실을 추궁할 줄 알았던 교장 선생님은 엉뚱하게도 애들한테 왜 돈을 걷었냐며 따지는 게 아닌가. 참으로 할 말이 없었다.

"선생님, 1박 2일 야영하는 데 얼마나 들겠습니까? 1박 2일에 15,000원 하는 야영이 있는 줄 아세요?"

"그러니까 하는 말 아니에요, 참가비가 그렇게 싼 것 보면 뭔가 있으니까 그런 것 아니겠어요? 아무튼 시말서와 함께 참가비 내역을 써서 제출하도록 하세요!"

너무 어이가 없었다. 뭔가 따로 생기는 게 있으니 그렇게 싼 것 아니냐, 그리고 그런 부수입 때문에 당신이 그렇게 몰래 가려는 것 아니냐는 것이다.

자연학교에 오기 위해 따로 아이들과 암호를 정해 놓은 선생님도 있다. Y초등학교 최선생님의 이야기다.

최선생님이 자기 반 아이들을 데리고 두밀리 자연학교에 오기 위해서는 두 가지를 해결해야 했다. 우선 자연학교의 체험 학습과 야영 활동에 찬성하는 부모님들의 이해와 동의이고 두번째는 자연학교를 전교조 야외학습장 정도로 잘못 알고 계시는 교장선생님의 눈을 피해야 하는 것이다. 따라서 선생님과 야영에 참가할 아이들은 게릴라 작전을 해야 한다. 선생님과 아이들은 미리 암호를 정한다. 종례 시간에 선생님이 '화장실 청소 당번 남아' 하면 그 학생들만 남는 것이다.

S초등학교 교장 선생님은 게릴라 잡는 데 선수였던 모양이다. 박 선생님과 아이들은 힘들게 이리저리 피해서 드디어 청량리역까지 무사히 도착할 수 있었다.

그런데 출발 시간을 10분 남겨 놓고 기차를 타려는 순간 난데 없이 교장 선생님이 몇 분의 선생님과 함께 역에 나타난 것이다.

"아니 박선생! 왜 내 허락도 없이 아이들 데리고 어딜 야영 가는 거요?"

교장 선생님이 여기까지 쫓아 왔다는 게 상상도 안갔고, 순간 얼마나 당황했던지 박선생님은 말문이 열리지 않았단다. 마음속으론 무수한 말들을 되뇌었지만 입술은 무슨 자물쇠를 채운 듯 꽉 닫혀 있기만 했다. 아이들도 덩달아 아무말 못한 채 벌벌 떨기만 하고 있는데 그 육중한 몸매의 교장 선생님이 몸소 아이들의 기차표까지 몽땅 빼앗고 말았다. 그러며,

"너희들은 어서 집으로 돌아가" 하는 것이 아닌가. 그때였다.

별안간 옆에 있던 한 아이가 불거져 나온 교장 선생님의 엄청난 배 한켠에 달려있는 양복 옆자락에 매달리며 자연학교에 가게 해 달라고 울며 불며 사정사정하기 시작한 것이다. 그 모습에 용기를 얻은 아이들과 박선생님도 교장 선생님에게 매달렸다.

얼마나 힘이 좋았던지 우리의 교장 선생님은 한 발짝도 옴짝달싹 않으며,

"너희들 말이야, 사고라도 나면 어떻게 되는지 알아! 얌전하게 집에서 공부나 하면 될 것이지 자연학교는 무슨 자연학교야! 정 놀러 가고 싶으면 부모님과 함께 가, 알았어!"

하며 애들을 털어 내려고 몸을 흔드는데 그 와중에 한 아이가 교장 선생님의 배에 퉁겨 나가 바닥에 넘어지는 일까지 벌어졌다.

선생님과 아이들의 육탄 애원도 항의도 눈물도 교장 선생님에겐 소용이 없었다. 할 수없이 박선생님과 아이들은 돌아설 수밖에 없었다고 한다.

B초등학교의 김선생님은 전교조 활동을 하다 복직된 분이다. 주말에 반 학생들을 데리고 자연학교에서 수박, 참외, 옥수수를 심기로 하고 만반의 준비를 하고 있었단다.

김선생님은 애당초부터 학교측에 자연학교 참가 계획을 감추지 않고 있었다. 그런데 주말 며칠 전에 교장 선생님이 느닷없이 엉뚱한 행사를 만들고 그 책임을 김선생님에게 맡기는 게 아닌가. 어쨌든간에 전교조 출신 선생님이 아이들과 함께 하는 것을 막으려는 것이 너무나 뻔한 일이었다.

나는 얼마 전 캐나다를 방문했다. 거기에서 보고 들었던 것 중에서 가장 인상 깊었던 것은 전국토가 교육의 장으로 쓰여지고 있다는 사실이었다. 곳곳에 산재해 있는 박물관, 미술관, 천문대, 식물원, 동물원은 말할 것도 없고 개인들의 농장까지도 중요한 자연 학습장으로 쓰이고 있었다.

이들은 주말에만 교육 프로그램을 갖는 것이 아니다. 주말에는 선생님들이나 아이들이나 각자 가족과 함께 지내는 시간이므로 거의 모든 프로그램이 주중에 진행된다. 자연 학습에 관한 모든 계획은 담임 선생님의 재량과 열성에 달려 있다. 그리고 학습에 필요한 교재에서부터 이동하는데 필요한 차량 제공, 간식까지 모든 편리가 제공된다고 한다. 어떻게 보면 교육의 대부분이 교실에서가 아니라 바깥에서 이루어지는 셈이다.

일본만 해도 자연 학습이 생활화되어 있다고 한다. 우선 초등학교 과목 수가 네 개밖에 안되 모든 학습은 통합적으로 이루어진다. 꼭 교실에서 해야 하는 과목이 아니면 거의 대부분 야외에서, 자연에서 수업이 열린다는 것이다. 우리도 요즈음 들어, 수업 없는 날, 가방 안 가지고 가는 날 등 점차 개선하려는 노력이 없는 것은 아니다. 그러나 근본적인 게 해결되지 않고서야 그런게 큰 효과를 낼지는 의문이다.

우선 교육 행정의 '안전주의'가 큰 문제다. 사실 위에서 소개한 교장 선생님들의 사정도 따지고 보면 충분히 이해할 수 있는 문제이다. 학교 안이든 밖이든 선생님과 같이 나간 아이가 사고가 나면 우선 그 선생님과 교장 선생님이 일차적으로 책임을 져야 하는 게 현 교육의 현실이다. 그 분들도 먹고 살아야 하는 똑같은 인간인데 잘못했다간 모든 책임을 다 뒤집어써야 하니 누가 그런 모험을 쉽게 할 수 있겠는가?

기업에도 안전 사고에 대비한 산재 보험이 있는데 우리 교육계는 보험은커녕 안전 사고가 났을 때 선생님 개인이 책임져야 하니 자신 있는 교육 활동이 이루어 질 수 없는 것이다. 그런 현실에선 당연히 '안전주의'가 우선될 수밖에 없다. 그러니 선생님이 아이들을 자연으로 데리고 간다는 것은 엄청난 용기가 뒤따르는 일이다.

행동하는 환경주의자

"나도 달 밝은 밤에 무드 잡고 캠프 하며 노래도 부르고 놀고 싶다 말이에요! 내가 이 일 한다고 돈이 나와요 떡이 나와요? 그렇다고 돈이 없어 이런 일을 하나요? 그런데 당신은 도와주지 못할 망정 제일 바쁠 때 술 손님 데리고 와서 교장이라는 사람이 밤새 술 먹고 해가 중천에 뜰 때까지 잠만 자고 있으니 그게 말이나 되냐 말이에요?"

참다 참다 드디어 아내가 반란을 일으켰다. 그리고 나의 최대의 약점인 술 버릇을 물고 늘어진다. 참으로 여자들이란 남자들의 마음을 너무 이해를 못하는 존재라는 것을 다시 한번 느끼게 하는 순간이다.

'아니, 이렇게 물 맑고 공기 좋은 자연에서 유봉이 자원방래했는데, 나몰라라 할 수 있는가. 그리고 우리가 언제 술만 먹었는가, 자연을 걱정하고 우리 어린이들을 걱정하느라 밤을 지새운 건데 해장국은 끓여 주지 못할 망정 그걸 갖고 나를 이렇게 못살게 해, 에

이 몹쓸 여편네 같으니라구!'

속으로 이런 생각이 들 수도 있겠지만, 어디 그런 내색을 감히 낼 수 있겠는가. 그러면 나는 "당신이야 세상에서 제일 바쁜 비지 우먼(Busy woman)이지"라고 능청 떨며 은근 슬쩍 자리를 피하는 도리밖에 없다.

5월부터 자연학교에 아이들이 들어서기 시작하면 아내는 아침 6시부터 밤12시까지 앉을 틈 없이 바쁘다. 애들이 입교하기 전 금요일에는 100여 명 먹일 시장 보랴, 식사 준비하랴, 토요일이 되어 애들이 들어오면 준비해 놓은 음식 배식하랴, 먹고 난 솥과 냄비들을 설거지하랴 정신이 없다. 지금이야 애들이 집에서 밑반찬도 싸오고 찌개도 끓여 먹을 수 있게 준비만 해주면 자기들이 알아서 해먹고 그릇들 설거지도 직접 하지만, 밥은 애들이 하면 솥을 태우기 일쑤니 어쩔 수없이 50명분의 솥에다 밥을 앉혀 배식해 주고 그 큰 솥 두 개를 직접 설거지하고 애들이 설거지한 나머지 그릇들 뒷정리하는 것만 갖고도 그 양이 너무 많아 혼자 감당하기가 벅찬 모양이다.

설거지가 끝나도 일은 계속 남아 있다. 애들이 떠나고 나면, 4동이나 되는 텐트를 청소하는 일만 해도 밤 12시가 금방 다가온다. 애들이 없는 평일이라고 쉬는 날이 아니다. 평일 캠프 하러 오는 손님들 때문에 또 쉴 틈이 없다. 뱀 나올까봐 풀 베주는 일, 밭에 퇴비 주고 김매주는 일도 평일 몫이다. 어디 이 일뿐이랴.

잠실의 우리집도 항상 부담이다. 자연학교가 열리는 5월에서 9

월까지는 집안일을 보지 말라고 해도 여자 입장에선 그게 아닌가 보다. 자주 지방 강의도 가야 하는 나를 위해 와이셔츠 다리랴 빨래하랴 최소한의 것만 해도 일이 많을 수밖에.

아내는 술 좋아하는 나한테만 불만이 있는 게 아니다. 전반적으로 어른들을 싫어하는 편이다. 왜냐? 어른들이 지나간 자리에는 항상 쓰레기가 듬뿍 쌓여 있기 때문이다. 자연학교에 오는 어린 학생들은 이제 환경 보호에 익숙해져 설거지할 밀가루와 양치질할 소금을 항상 챙겨 온다. 그것만이 아니다. 아이들은 절대 일회용품을 가져오지 않는다. 불가피하게 쓰레기가 생겨도 일일이 분리수거를 한다. 그러나 어른들은 애 만도 못하다는 게 아내의 지론이다. 아이 100명분의 쓰레기를 10명의 어른들이 뱉어 놓고 간다는 것이다.

한번은 어디서 들었는지 채박사의 자연학교라는 말만 듣고 낭만스런 캠프를 즐기러 온 사람들이 있었다. 알록달록한 스카프에 진한 화장 얼굴에다 검은 선글라스까지 걸친 여자들과 쌍쌍으로 들어온 그들의 첫마디라는 것이,

"채박사 별장이란 곳이 뭐 이래?" 하는 것이다.

이들은 자연학교를 통나무로 지은 운치 있는 그런 비둘기집으로 상상한 모양이었다. 김매고 있던 아내의 찌푸려지는 얼굴을 보며 나는 은근히 다가올 재미있는 사태를 기다리며 가만히 두고 보고 있었다.

이런 여자들일수록 대개가 눈치도 없고 일하는 것보단 남을 시켜먹는 것을 더 좋아한다. 우선 떡 하니 자리를 차지하고 난 그들은,

"아줌마 혹시 풋고추 좀 있어요? 상추는요? 깨소금도요?"

하며 식당에서 주문하듯이 한다.

아내는 일단 자연학교에 찾아온 손님이려니 마음을 다스리며 몇 가지 챙겨주고 다시 밭으로 간다. 그러다 그 눈치 없는 것들이 결국 내가 기다리던 사고를 치고야 만다.

"아줌마 혹시 삼겹살은 없어요?"

라는 말에 비로소 아내의 즉각적인 대반격이 퍼부어진다.

"이봐요! 당신들 뭘 잘못 알아도 한참 잘못 알고 온 모양인데 여긴 학교에요 학교! 당신들 같은 이들이 먹고 마시며 놀라고 만든 곳이 아니라구요. 여기가 바로 아이들이 와서 자연학습하는 두밀리 자연학교라는 곳이에요. 누구 허락 맡고 왔는지 몰라도, 감히 이 신성한 곳에서 남자라고 자기 안방마냥 마음대로 웃통을 벗고 술판을 벌이려 하다니! 이 학교 총무로서 더 이상 눈뜨고 보지 못하겠으니 당장 나가 주세요!"

순하디 순하게 생긴 아줌마가 일장 쏘아붙이니 아무도 군말을 못한다. 뭔가 뜻대로 안 돌아간다는 표정으로 수군거리며 허겁지겁 물건을 챙겨 자리를 뜨고 만다.

가까운 곳에서 이 소동을 미소 지으며 재미있다는 듯이 지켜보는 나에게 아내는,

"당신이 그렇게 술 손님을 데리고 오니 저런 사람들까지 오는 것 아니에요?" 하며 화살을 엄한데다 돌려친다.

"허허. 역시 우리 자연학교 실세다운 기세야, 기세!"

하며 나는 또 자리를 슬쩍 피하고 만다.

아내가 다음으로 화나는 일은 남들로부터 훌륭한 일을 한다는 소리를 들을 때다. 자연학교에는 한달에 한번 가족 자연학교가 열린다. 이때 아이들을 데리고 들어오는 부모님들은 한결같이 우리 자연학교에 감탄을 연발하면서 아내에게 이런 좋은 일을 하시니 감사하다는 말을 한다. 이런 말을 들으면 아내도 일단은 기분이야 나쁘진 않겠지만 속마음은 불편하기만 하단다. 몸이 너무 힘드니 그런 말에도 별로 감동이 안 가는 자신이 불만스럽다는 것이다.

우리 부부가 다니는 교회의 한 집사님이 아내에게 나를 놀린 적이 있었나 보다. 지금이야 조금 나아진 편이지만 자연학교 초기에는 애들에게 설거지를 안 시켜 선생님들이 도와줘도 지금보다 설거지 양이 몇 배나 많았다. 얼마나 힘들었으면 아내는 혼자 설거지를 하면서 펑펑 눈물을 쏟았다고 한다. 그런데 나는 옆의 평상에서 손님들과 술을 마셔 거나하게 취해서는 밝은 달을 뒷짐지고 쳐다보며 혼자 말로,

"참, 대단한 자연학교지, 암 대단하구 말구!"

라며 좋아서 감탄하는 것을 그 집사님이 본 것이다. 부엌에선 마누라가 눈물 찍으며 힘들게 고생하고 있는데 남편이란 사람은 술에 취해 감탄사를 연발하고 있으니 그것을 본 집사님이 얼마나 웃었겠는가.

이렇게 나처럼 자기도 즐기면서 좋은 얘기 듣고 싶다는 게 아내의 불만이다.

그래서 아내는 요즘 들어와, 이제 우리도 나이가 들었으니 젊은 사람들에게 맡기고 은퇴할 준비나 하자는 얘기를 자주 한다. 나는

자연학교의 고문 역할이나 하고 자기도 당당히 사모님 소리 들으
면서 여유롭게 돌아다니고 싶다는 것이다. 그러면 나는 항상 5년만
하고 말겠다고 아내를 달래곤 한다. 아내는 결코 이 말을 믿지 않
는다. 왜냐하면 해가 바뀌었는데도 만날 5년만 하자니 그게 평생하
겠다는 말과 뭐가 다르냐는 것이다.

사실 아내는 나를 뒷바라지하느라 30년 가까운 고생만 해왔다.
잠실 시영 아파트에 살면서 '어린이 도서관'을 만들 때였다. 힘들게
야간 고등학교를 나와 전문대 도서관학과를 졸업하고 취직하고 싶
어하는 아내에게 나는 집에서 할 수 있는 일을 만들어 주겠다며 그
일을 벌인 거였다. 항상 그런 식이었다. 일단 일은 내가 저지르고
책임은 아내와 함께였다. 물론 아내의 일이 더 많아지는 것은 당연
한 수순이었다.

아내는 그렇게 나에게 속아 살아왔지만 사실은 알고서 속은 것
이라 해야 옳을 것이다. 그녀 또한 생각하는 바나 일을 푸는 방식
에서나 나와 비슷한 점이 많았기 때문이다.

어느 날 접한 아내의 일기다.

"하느님은 아직도 나를 버리시지 않은 모양이다. 이렇게 아름다
운 두밀리 땅을 선물해 주셨으니. 이 땅으로 도시에 사는 많은 어
린이와 흙도 만지고 수박, 참외, 옥수수, 고구마도 심고 따먹고 한
다면 얼마나 좋은 추억이 될까."

아내의 두밀리에 대한 특별한 생각은 자연학교의 총무 겸 살림
꾼 일을 하면서 더욱 빛나게 되었다. 그러나 사실 자연학교의 상근

직원이라곤 아내밖에 없는 현실에서 그녀 스스로 모든 힘든 일을 알아서 해야만 했다.

정신 없이 여름 계절학교를 보내고 나면 아내는 머리가 멍해진다고 하소연한다. 그러면 나는 좀 쉬라고 하지만 그 여유조차 별로 쉴 틈이 없이 훌딱 지나가고 만다. 10월 말경 첫서리가 내릴쯤 자연학교는 긴 겨울잠을 준비해야 하는 것이다.

곳곳에 자리 잡은 텐트 내부를 말끔히 청소하는 일에서부터 어지러이 흩어진 자연학교의 여러 살림살이들을 원 위치시키고 전기배선을 세심히 확인하여 행여 생길 문제를 예방하고, 학교 주변의 후미진 곳에 혹시나 있을지 모를 쓰레기를 완전 제거해야 한다. 마지막으로 화장실 똥까지 퍼서 거름이 되도록 구덩이를 파 나뭇잎으로 묻어 두는 그 모든 자질구레한 일이 아내의 몫이다. 이렇게 가을을 보내고 겨울이 오면 이제서야 쉴 수 있는 시간이 아내에게 주어진다.

자연학교의 기지개는 4월부터 켠다. 봄에 만물의 생기가 돌 듯 아내는 그때부터 살맛을 느끼듯 분주해진다. 거의 매일 자연학교로 출근하다시피 하면서 자연학교 첫학기를 준비한다. 먼저 겨울동안 버려진 학교의 텃밭에 다시 생명을 불어넣는 일부터 시작한다. 그녀는 봄에 심은 토마토 모종에서 방울 같은 열매가 달릴 때, 그리고 참외 넝쿨에서 먹음직한 참외를 발견할 때, 늘 다가오는 자연의 신비로움에 어린애처럼 기뻐한다. 아내는 또한 나름대로의 체험을 통해 유기농법으로도 농사를 지을 수 있다는 자신을 얻었

다. 아내는 농약을 치지 않으면 절대로 안된다는 고추도 농약 없이 거뜬히 해내게 되었다.

쓰레기 치우는 일, 물을 오염시키지 않게 설거지하는 일, 무공해 유기농법으로 채소 가꾸는 일, 무더운 여름날 밤에 네 개나 되는 화장실을 비 맞으며 다 퍼내면서도 기쁜 웃음을 잃지 않는다.

아이들이 자연학교로 찾아오는 본격적인 야영 학습 기간이 되면 아내는 자못 긴장하게 된다. 여러 선생님들을 수소문하여 아이들의 일정에 맞춰 강의 시간표 짜는 일에서부터 없는 살림이지만 쪼개고 쪼개 선생님들 기분 나쁘지 않을 정도의 강사료 준비하는 일, 그리고 무엇보다도 학교에 온 아이들의 온갖 뒷바라지를 도맡아 하는 일이 아내를 기다린다. 그런 중에도 아이들이 배고프지 않게 적당한 시간에 쪄낸 아내의 감자에 환호하는 아이들은 우리 총무에게 다시 생기를 불어넣어 준다.

아내가 아이들과 함께 하는 시간은 내리쬐는 햇빛 아래서의 김매기이다. 아내는 능숙한 솜씨로 아이들에게 아주 기초적인 농사 요령을 가르친다. 얼마나 땅을 소중히 다루는지 개구쟁이 아이들도 이 시간만큼은 죽은 듯 아내의 여러 지시에 골똘히 집중한다.

이렇듯 아내가 나를 도와줄 수 있는 것은 어떻게 보면 사실 나보다도 자연을 더 사랑하고 아이들을 더 좋아하기 때문이다. 그래서 아내는 나를 이렇게 흉본다.

"당신은 자연보다 사람을 더 좋아하는 환경주의자고 나는 사람보다 자연을 더 좋아하는 환경주의자예요. 내 말이 맞죠?"

사실 나야 말로 하는 환경주의자이지만, 자연학교의 온갖 궂은 일을 도맡아 하는 아내야말로 행동하는 환경주의자라 해야 옳을 것이다. 이는 우리 자연학교에 몇 번 왔다간 사람이면 누구나 공통적으로 평가하는 말이다.

아내에게 미안한 마음을 조금이라도 덜기 위해 나는 가끔, "당신 하고 싶은 게 뭐지 내가 뭐든지 들어줄테니 말해 보시구료!" 하고 물어 본다. 그러면 아내는 대번에 이렇게 말한다.

"나를 그냥 내버려뒀으면 좋겠어요. '자유' 시간이 있어 내 마음대로 한번 해 봤으면 좋겠어요" 한다.

어떻게 보면 나도 참으로 모순된 사람이다. 어린이들에게 '자유'를 주기 위해 자연학교를 열었는데 그 때문에 세상에서 제일 소중한 내 아내의 '자유'를 빼앗았으니 말이다.

내가 매년 5년만 하자고 달래지만 진짜로 5년 이상 자연학교를 하기는 힘들 것 같다. 자연학교 위로 벌써 카페와 낚시터가 들어섰고, 두밀리 마을을 지나 현리까지 도로를 뚫을 계획이 발표되어 자연학교 밑으로 식당 다섯 개나 만들어진다고 하니 5년을 더 버틸 수 있을지도 의문이다.

지긋지긋하게 힘든 자연학교 일을 못하게 된다면 제일 좋아해야 할 사람이 아내임에도 막상 그 소식을 들은 아내는 걱정부터 앞세운다. 어떻게 일군 자연학교인데 그 깨끗한 자연 환경이 유원지로 전락할 것을 생각하니 마음이 아프기만 한 것이다.

가발 쓴 외톨박이 상준이

선생님들과의 밤샘 막걸리 파티는 늘상 새롭고 감격적이다. 서로의 가슴이 활활 타오를 정도로 열정적인 분위기가 무르익는다. 무엇보다도 자연학교의 어둠이 이들을 미치게 하는 것이다. 이런 분위기를 어느 곳에서도 잘 느낄 수 없기 때문이다. 아무튼 선생님들과의 이야기가 한참 무르익을 때면 각자 소설 쓰듯 아이들의 이야기를 쏟아낸다. 이들의 이야기엔 전혀 내가 알지 못했던 사실도 있고 너무나 감동적이라 다같이 눈물 짓는 그런 일화도 있다.

말씀이 그리 많지 않은 김선생님이 지금은 중학생이 된 상준이의 얘기를 조용히 꺼낸다.

상준인 외모가 특이한 아이라 어디에서든 눈에 탁 뜨였단다. 머리가 제머리가 아닌 듯 약간 하늘 위로 푹 떠있어 어색했고 귀라 할 수 없을 정도로 흉한 것이 몰래 머리 안으로 가려져 있었단다. 누가 보아도 눈 아래로 쳐진 상준이의 그늘을 느낄 수 있었다. 상준이는 누구로부터 간섭 없이 그냥 혼자 있는 걸 좋아 했단다. 그래서인지 상준이는 친구들의 이름을 외우질 않고 항상 손가락으로 '애야' '재야' 하며 불렀다. 상준이의 담임인 김선생님조차도 행여나 깨질 유리 그릇 같아 조심스러웠다니 어느 정도였는지 짐작이 갔다.

김선생님은 보이지 않게 깔려있는 상준이와의 팽팽한 긴장감을 더 이상 그냥 둘 수만은 없었단다. 도대체 상준인 어디에서든 혼자였다. 아이들 속의 아이! 그 아인 마치 물끄러미 들어올 배만을 바라보는 홀로 남은 섬의 아이였던 것이다.

점심 때조차도 따로 떨어져 밥을 먹는 상준이. 그런 상준이에게 다른 아이들과 어울릴 것을 강요할 수도 없고, 다른 아이들에게도 그럴 수 없던 차에 좋은 기회가 왔다. 여러 선생님들과 어울려 두밀리 자연학교를 찾기로 한 것이다.

제일 먼저 상준일 데려가야 했다. 혹시 자연 속에 들어가면 상준이의 닫힌 가슴이 활짝 뚫릴지 모른다는 마음이 김선생님 가슴에 가득했다.

6월의 두밀리 자연학교는 여전히 아이들을 반기고 있었다. 멈칫거리던 아이들도 자연학교에 발을 내딛는 순간부터 자기들만의 본성 찾기에 여념이 없다. 이 냄새 저 냄새 따라 학교 곳곳을 찾아 다니는 아이들. 그틈에 상준이도 끼여 있었다. 바깥 세상에 대한 상준이의 무관심이 아주 조금 깨어진 흔적이었다.

자연학교 입교식 후 텐트 배정이 끝나자 아이들은 기다렸다는 듯이 냇가로 뛰어 들어 정신 없이 놀기 시작했다. 자연학교 총무님과 선생님들도 정신 없이 저녁 준비를 하기 시작했다. 그리고 식사 후 슬라이드와 함께 듣는 곤충 학습이 끝나고 약간의 휴식 후 아이들이 손꼽아 기다리는 캠프파이어 때가 되었다.

여전히 상준이에게 시선을 떼지 못하던 김선생님도 정신 없는 일정속에 잠시 상준이를 깜박 잊고 있었다. 아이들과 함께 잘 어울리고 있겠지 하는 마음으로 찾아 보았다. 하지만 상준이는 캠프파이어 하는 요란한 아이들 속에도, 텐트에도 없었다. 다급한 마음에 여기저기를 김선생님 혼자 뒤지는데 학교 앞을 흐르는 어두컴컴한 냇가 다리 위로 어렴풋이 움직이는 누군가가 보였다.

"상준아…, 상준아…."

아이들 흥을 깰까 조심스러웠다. 우선은 반가웠지만 혼자 있는 상준이를 보니 가슴 한쪽이 절여 왔다.

그 곳으로 거의 다가섰을 때였다. 별안간 상준이가 아래로 뛰어든 것이다. 풍덩! 풍덩! 숨이 멎는 듯 했다.

"상준아!"

더 이상 조심할 것도 없이 무조건 소리치며 김선생님은 달렸다. 상준인 물을 듬뿍 뒤집어쓴 채 연신 얼굴을 훔치고 있었다.

"상준아, 너 뭐해?"

가까이 다가 온 선생님을 힐끗 본 상준이는 마치 피하듯이 잽싸게 물속으로 다시 몸을 감추어 버리는 게 아닌가.

김 선생님은 괜히 불안한 마음에 발만 동동 굴렀다.

"어서 나와, 상준아! 우리 저기 가서 아이들하고 어울리자. 선생님이 잘못했어."

김선생님도 너무 답답했던지 눈물을 그렁그렁 달고 있었다.

그때였다. 상준이가 기어들어가는 목소리로 말했다.

"선생님! 제 가발이 없어요! 없어졌단 말이예요."

그 말은 들은 선생님 마음도 다급해지기 시작했다.

김선생님이 물속 여기저기를 두리번 거려 보았으나 어두운 탓에 상준이의 가발은 찾을 수가 없었다. 그렇다고 머뭇거릴 수만도 없었다.

아마도 상준인 가발 없인 물밖으로 나오질 않을 것 같았다. 김선생님이 큰소리로 아이들을 불러 모았다.

"얘들아 어서 이리 와봐! 너희들이 할 일이 있단다."

영문을 모르는 아이들과 여러 선생님들이 몰려왔다. 상준인 더욱 물속으로 파고 들기만 하고 나올 줄 모르고 있었다.

"너희들 상준이 가발 알지? 그게 그만 없어 졌어. 상준이가 물에 다이빙할 때 떨어진 모양이다. 우리 상준일 위해 그걸 찾아주자. 너희들의 도움이 너무너무 필요해. 아마 그걸 못 찾으면 상준인 물에서 나오려 하질 않을거야. 자 어서."

신나게 캠프파이어 하던 아이들은 놀던 일을 그만두고 모두가 물속으로 뛰어들었다. 입고 있던 옷도 그대로 입은 채로….

"아!" 하는 아이들의 함성이 두밀리를 들썩였다.

멍하게 바라만 보던 상준이가 머리를 손으로 가린 채 밖으로 걸어나와 털썩 바위에 주저앉았다. 김선생님이 다가가 품안에 끌어안을 때 상준인 중얼거리듯 말했다.

"선생님 죄송해요. 전 머리가 없어요. 매년마다 머리 수술을 해야 하거든요. 전 제가 너무 싫어요."

김선생님이 그 아이의 머리를 쓰다듬을 때 한 아이가 소리를 쳤
다.

"야! 찾았다. 선생님, 여기 있어요!"

김선생님의 이야기를 들으며 우리는 모두 가슴이 찡해 옴을 느
껴야 했다. 그리고 우리는 그 이후의 상준이를 물어 봤다.

다행히도 그 일이 있고 난 후 상준이는 친구들과 조금씩 어울리
기 시작했다고 한다. 감추고 싶은 자기만의 고통스런 비밀을 알게
된 친구들이 따뜻하게 대해 주어 상준이도 마음의 벽을 허물 수 있
게 된 것이다. 이제 상준이의 가발은 모두의 가발이 되어 상준이는
더 이상 외톨박이가 아니었다.

세븐 스타 악동들

2년 전 서울의 한 초등학교에서 일어난 일이다.

어느 일요일 아침. 조용한 학교 운동장에 사람들이 하나 둘 모여들기 시작한다. 어깨가 딱 벌어진 청년이 보이는가 하면, 이제 막 중학교에 입학한 단발머리도 눈에 띈다. 서로 반갑게 인사를 나누는 사람들도 있지만, 대부분은 서로를 잘 모르는지 멋적은 분위기다.

사람들이 자꾸 늘어나고 그에 따라 웅성거림도 커진다. 처음엔 동네 교회에서 체육대회라도 하려는가 보다 생각한 당직 선생님은 뭔가 분위기가 이상해 운동장에서 눈을 떼지 못한다. 도대체 무슨 모임일까?

대학생인 청년이 지휘를 하는 듯한데 이리저리 줄을 세우는데도 말을 잘 듣지 않는다. 가만히 보니 모두들 누군가를 기다리는 눈치다. 목을 빼고 교문쪽을 바라보는 사람들의 귀엔 지휘자의 구령이 들리지 않는 것 같다.

"야, 선생님이다!"

누군가의 입에서 외침이 터져 나오자, 대열은 삽시간에 무너지고 만다. 운동장 저편에서 이제 막 보이기 시작한 사람을 향해 아이들이 달려 나간다.

"선생님, 선생님! 보고 싶었어요!"

아이들이 저마다 두 손을 흔들고 고함을 지르며 선생님에게 달리는 모습이 한무더기 들꽃이 내닫는 것 같다. 선생님은 곧 수많은 들꽃들에 둘러 싸이고 만다.

"야, 깜상 너 더 까매졌구나."

"얘, 은숙아 너 이제 시집 가도 되겠는데."

수많은 들꽃들의 이름을 선생님은 하나도 잊지 않았다. 예전의 별명까지도. 그런 선생님의 모습은 옛날이랑 하나도 변함이 없다. 여학생 같은 단발머리에 수수한 티셔츠, 싸구려 청바지에 하얀 운동화. 그럼에도 언제나 씩씩하고 늠름한 모습이다.

"얘들아! 너무너무 반갑다. 너희들이 벌써 이렇게 컸구나. 다들 공부하느라 바쁠텐데 이렇게 와줘서 너무너무 고마워. 우리 한번 몇이나 모였나 세볼까? 자 거기 왼쪽부터 세어보렴."

하나, 둘, 셋…… 백 칠십이.

꿈같은 일이다. 무려 백칠십이 명이나 되는 제자들이 강숙랑 선생님의 교직 생활 10주년을 축하하기 위해 모인 것이다. 선생님의 십주년을 그냥 넘길 수 없다는 누군가의 발의에 따라 사발통문이 돌았다. 이렇게 해서 선생님이 첫 담임 생활을 거친 지금은 어엿한 대학생들부터 올해 졸업한 중1짜리 꼬맹이까지 선생님을 축하하기 위해 모여든 것이다.

강숙랑 선생 교직 10주년 기념 체육대회는 이렇듯 성황리에 치러졌고 이 사건은 이 학교의 영원한 전설로 남게 되었다고 한다.

이 이야기를 듣고 나는 가슴이 뭉클했다. 내 가슴이 그랬다면 강숙랑선생 자신의 마음이야 오죽 했겠는가? 그래서 주는 선생은 절대 선생질을 그만두지 못한다고 했나 보다. 자기가 주는 것 이상을 받기 때문이다. 그러나 받으려는 선생은 오래가지 못한다. 받을 게 떨어지면 아이들이 지겨워지기 시작하기 때문이지.

어쨌든 그 감동을 내 딴에는 글로 표현하고자 애썼는데, 나는 역시 문필가는 못 되는 모양이다. 그 감동이 십분의 일도 살지 못하니 말이다.(독자들 생각은 어떠신지?)

그러나 이 글의 주인공은 강선생이 아니다. 청출어람 청청어람(靑出於藍 靑靑於藍)이란 말이 있듯이, 씩씩한 강선생보다 더 씩씩하고 용감한 그 제자들 이야기다.(그러면 내 제자도 되는 셈인가?)

이름하여 세븐 스타 클럽. 그 싱그럽고도 늠름한 아이들 이야기를 들어보기로 하자.

이 녀석들을 내가 다시 만나게 된 것은 녀석들이 의젓한 중학생이 되어 자원 봉사한답시고 두밀리에 나타났을 때다. 물론 강숙랑선생과 동행을 하고서였다. 말하자면 자기들은 이제 중학생이니 후배들이 싸논 똥도 푸고 뱀에 물리지 않도록 풀도 베러 왔다는 것이다. 얼마나 갸륵한 놈들인가.

강선생님도 빙그레 웃으며 나에게 무슨 일이든 시키라며 재촉하였다. 나는 아이들에게 물어봤다.

"너희들 풀 베고, 화장실도 풀 수 있겠어?"

아이들이 기세 등등하게 외친다.

"우린 무엇이든지 할 수 있어요!"

아이들의 거무튀튀한 얼굴이 믿음직하였다. 아이들은 쉬지도 않고 열심히 일했다. 낫 잡는 게 서툰 아이들이 팔뚝에 풀 베이는 것조차 아랑곳하지 않은 채 열심이었다. 그리고 화장실 똥 푸기는 세 놈이 한 조가 되어 싱글벙글거리며 하는 것이다. 아이들이 그렇게 꼬박 하루를 일하고 나자 나는 이들에게 무엇인가를 해주어야겠다는 생각이 들었다.

어둠이 완전히 내려앉을 즈음에 나는 강선생님과 아이들을 원두막으로 불러 모았다. 내가 똥을 푼 다음에는 막걸리가 최고야 하면서 막걸리 한 사발씩을 아이들에게 돌렸다. 멈칫하던 아이들은 날름 받아 마시며 처음 먹어보는 술맛에 신기해 했다. 창호의 얼굴이 불그스레질 때 강선생님이 한마디 거든다.

"교장 선생님, 이 애들 얼굴이 꽤 시커멓죠? 얼마 전에 저하고 애들하고 자전거로 서울에서 목포로, 또 목포에서 제주까지 국토 종단 순례를 했어요. 놀랍죠? 너무 고생하느라 다 숯덩이가 되버렸네요."

나는 강선생님의 뜻밖의 얘기에 놀라고 말았다. 그리고 이 아이들의 얼굴을 새삼스레 쳐다 보았다.

"야 너희들 참 대견하구나 그 먼 길을 자전거로 가다니…… 그

195

래, 그럼 어디 너희들 얘길 좀 들어보자꾸나. 도대체 어떤 길이었는지 누가 그 재미있는 얘기 좀 해 줄래?"

박재민, 방우진, 김남민, 박재현, 신철호, 양창호. 이 여섯 아이들이 모이게 된 것은 삼 년 전 초등학교 6학년 때 강선생님 반에서였다. 강선생님과 함께 한 자연학교의 체험은 녀석들에게 꽤 강한 인상을 주었던 모양이다. 말하자면 녀석들의 가려졌던 끼가 강선생과 자연학교를 만나면서 터져 나오기 시작했다고 할까.

자연학교가 끝나 가자 이 녀석들은 뭐 재미있는 게 없을까 새로운 꺼리를 찾기 시작했다. 그러다 떠오른 것이 자전거 타기였다. 선생님과 여의도에 가서 자전거를 타면 참 재미있겠다는 아이디어였다. 시골에서 자라 자전거에 익숙한 강선생은 물론 대찬성.(강선생은 아이들이 하고 싶은 일이라면 못해줘서 안달이 나는 사람이다.)

이래서 강선생 반의 자전거 타기가 시작됐다. 원하는 반 아이들 모두 여의도 둔치에 모여 자전거 타고 신나게 놀았다. 한창 꽃봉우리가 솟는 나이의 남녀 학생들이 자전거를 타고 희희낙락하니 얼마나 즐거웠겠는가. 그런데 몇번 타고 나니 뭔가 미진한 구석이 남더라는 것이다. 자전거 타기가 재미있기는 재미있는데 여의도라는 데가 너무 인공적이고 답답하게 느껴졌던 모양이다. 그래서 선생님에게 좀더 멀리 시골 같은 데로 나가면 안되냐고 떼를 쓰기 시작했는데….

여기서부터 강선생의 고민이 시작된다.

이제 막 기가 살아나 뭔가를 해보겠다는 아이들의 청을 거절할 수는 없는 일 아닌가. 그런데 아이들을 데리고 도로에 나선다. 차가 씽씽 달리고 덤프 트럭이 뒤에서 몰아대는……. 그러다 사고라도 나면.

아무리 생각해도 될 일이 아니었다.

강선생은 머리를 저었다. 이번만큼은 너희들 소원을 들어줄 수가 없다. 이렇게 속으로 다짐을 했건만, 아이들의 초롱초롱한 눈망울을 보는 순간, 강선생은 그만 말을 거꾸로 하고 말았다.

"그래. 한번 가보자."

이래서 선택한 것이 하필이면 불광동에서 임진각까지 가는 험한 통일로 코스였다고 한다.

이 코스가 서울의 대표적인 자전거 하이킹 코스라고는 하지만, 어린학생으로서는 무리가 아닐 수 없었다. 불광동에서 임진각까지 60Km, 왕복하면 120Km. 거기에다 꼬불꼬불 위험한 커브길이 많아 좋은 장비를 가진 성인들에게도 만만치 않은 길인데, 이제 초등학교 6학년… 게다가 기어도 안 달린 후진 자전거를 타고 가야 하니 걱정만이 앞서더란다. 불광동 출발점에 막상 서자 그 씩씩하던 강선생도 자신감이 사라지는 느낌이었다.

이런 선생님 마음을 알았는지, 그날의 코스를 지원한 십여명의 남학생들은 서로에게 다짐을 하더란다.

"첫째, 언덕이라도 절대로 자전거를 끌고 가지 않는다.

둘째, 무슨 일이 있어도 임진각까지 갔다 온다!"

드디어 출발. 차체에 어울리지 않는 작은 몸집을 싣고 자전거 십

여대가 통일로를 따라 임진각을 향해 북으로 북으로 달리기 시작했다. 강선생은 정신이 없었다.

절대 차선에 들어서지 말고 갓길만 따라 갈 것.

절대 앞사람을 추월하지 말고 일렬로 천천히 나아갈 것.

비상시에는 손을 흔들거나 소리를 지를 것.

이런 주의를 주고 또 주었지만, 막상 도로에 들어서고 보니 달리는 차마다 아이들을 향해 뛰어드는 것 같고, 트럭이 휙 하고 지나칠 때는 아이들이 빨려들어 가는 것 같았다.

"주님, 저희 아이들을 보호해 주소서. 제가 하는 일이 옳은 일이라면 저희들을 도와 무사히 이 일을 끝마치게 하옵소서."

독실한 크리스찬인 강선생은 마음 속으로 간절한 기도를 올렸다.

문제는 언덕길이었다. 기어도 안 달린 자전거를 탄 아이들은 사력을 다해 언덕길을 올랐다. 엉덩이를 잔뜩 치켜 들고 양쪽 궁둥이를 씰룩거리며 페달을 밟아 나갔다. 스스로의 다짐을 지키기 위해 다리에 쥐가 나는 것도 모른 채 이를 악물었다. 맨뒤에서 따라 오는 강선생도 걱정스러우면서도 대견스러운 마음에 눈물이 흐르는 것도 알지 못했다 한다.

문산 통일 공원. 몇 구비의 고개를 힘겹게 넘어온 아이들은 이미 탈진 상태가 되었다. 임진각까지 아직 8Km. 이 상태로 아이들을 더 끌고 나간다는 것은 무리라는 생각이 들었다.

"너희들 여기까지 온 것도 되게 잘 한거다.

여기서 임진각까지 아직 많이 남았는데, 선생님은 여기서 너희

들이 돌아가더라도 임진각까지 갔다 왔다고 생각할 거다…, 그러
니까 그냥 가자."

"선생님 안 돼요. 끝까지 가야 돼요!"

아이들의 눈빛은 전혀 그렇지를 못했다. 교실에서 보던 철부지
들의 눈빛이 더 이상 아니었다. 키는 작고 어리지만 자기가 세운
목표를 끝까지 추구하려는 집념의 눈빛이었다.

다시 일어나 목표 지점을 향해 쉬지 않고 내달렸다. 이때부터는
힘으로 달리는 게 아니라, 그저 가야 한다는 의지 하나로 달리는
것이었다. 힘든 것을 느끼지도 못한다. 그냥 목표를 이루겠다는 의
지에 몸을 맡겨 달려 가는 것이다. 어디쯤 왔을까 뒤도 돌아 보지
않는다. 그렇게 우리는 목표 지점에 도달하고 말았다.

드디어 임진각에 도착했을 때였다. 뜻하지 않은 봉고 트럭 한 대
가 크락션을 울리며 우리를 맞이하고 있었다. 너무 걱정이 되어 한
학부모가 임진각까지 차를 몰고 나온 것이다.

"도대체 궁금해서 집에 있을 수가 있어야죠. 강선생님 믿고 애는
보냈는데, 그 철부지가 과연 끝까지 그 일을 해낼런지. 집사람이
안절부절 못하길래, 시간에 맞춰 자유로 타고 와 봤더니 아무도 안
보이더라구요. 그러면 그렇지 중간에서 포기하고 집에 돌아간 것
이 분명하다, 이렇게 생각하고 이제 막 나가려던 참인데 별안간 저
쪽에서 자전가 십여대가 일렬로 쫙 들어오는 거에요. 그 장면이 어
찌나 멋있던지…, 선생님 참 장하십니다."

돌아오는 길은 여유가 있었다. 봉고 트럭이 후미에서 보호해 주
며 따라 오니 그렇게 마음 든든할 수 없었다. 맨 뒤에 선 강선생의

눈에 그제서야 주변의 아름다운 가을의 경치가 들어오기 시작했다.

'더 없이 파란 하늘.

들판에는 누런 곡식이 황금 물결을 이루고, 길가에 핀 코스모스는 우리를 향해 손짓하는구나!

영화라도 이렇게 멋진 장면은 없을거야.'

여기까지 들은 나는 눈을 감았다. 깔끔한 도로 위를 십여 대의 자전거가 한 줄로 달리는 장면이 눈에 선했다. 길가에는 가을 들꽃들이 하늘거리고….

'아! 나도 너희들과 함께 달리고 싶구나. 그러나 나는 이미 나이 먹고 몸도 예전 몸이 아니구나.'

나는 이 씩씩하고 예쁜 녀석들에게 뭐라도 해주고 싶은 생각이 들었다. 그러나 우선 다음 얘기가 더 궁금했다.

"그래서 다음엔 어떻게 됐지? 네가 한번 얘기해 봐라."

창호라는 녀석이 나섰다.

"그 다음 해 여름 방학에 저희는 한계령을 넘어 동해 망상 해수욕장까지 다녀왔어요. 중학생이 되니 좀더 멀리 가고 싶었거든요. 그래서 저희 여섯이 모여 선생님께 졸라 대기 시작했죠."

"물론 고생은 말도 못하게 많았어요. 선생님이 자동차와 부딪치는 사고도 있었구요. 대열 후미에서 우리를 보호하느라 약간 차길 안쪽으로 달려 오던 선생님이 글쎄, 음주운전하던 군발이 아저씨한테 받쳐 버린거에요. 자전거는 손쌀 같이 앞으로 튀어 나가 길 옆에 세워두고 있던 차에 부딪히며 엉망진창이 되었고요, 선생님은 다리를 다쳐 병원까지 실려가야 했어요."

"그래서 저희들 모두 조마조마했죠. 그런데 선생님이 아무렇지도 않다는 듯이 나타나신 거예요. 나중에 보니까 멍이 시퍼렇게 들었더라구요. 그런데도 경찰서에서 다리는 괜찮으니 애들 데리고 빨리 동해로 가야 된다며 자전거 고쳐내라고 난리를 피웠다지 뭐예요."

"저희들은 집에다가는 그 사건을 비밀로 하기로 했죠. 부모님이 걱정하시다 그만 집으로 돌아오라고 그럴까봐 그랬던거죠."

"길 잘못들어 고생한 건 어쩌구." 철호가 끼어 들었다.

"선생님이 1만 5천분의 1지도를 여러장 사다 꼼꼼이 이어 붙여 거의 모든 길을 다 파악하고 있었는데, 노란색으로 표시된 비포장 도로를 모르고 그냥 지름길이다 싶어 들어선 길이 온통 돌맹이 투성이더라구요. 돌맹이도 그냥 돌맹이가 아니라 이따만한 바위들로 가득찬 길이지 뭐예요. 나중에 알고 보니 군대 트럭만 달리는 군사용 도로라나요. 그 고개길을 자전거 타고 넘어온 사람은 아직 아무도 없었대요. 그런 길을 자전거 끌고 올라가는데 어찌 힘들던지…. 그런데 정상에 올라서니 동해 바다가 한눈에 쫙 펼쳐지는데 정말 멋있더라구요."

"내려갈 땐 완전 산악 자전거 코스였죠. 한번 넘어지면 무르팍이 나갈 정도였는데도 신나게 내려 왔죠. 선생님만 엉금엉금 기어서 내려 왔죠. 하하하."

그때 기억이 삼삼한지 모두들 낄낄거리며 웃는다.

"그래. 요번에 제주도 갔을 때는 어땠니?"

아이들은 흥분이 채 가시지 않은 듯 앞다투어 보따리를 풀어갔다.

한 녀석이 벌떡 일어선다. 얼마나 씩씩하게 일어났는지 평상이 뒤뚱거릴 정도다. 재현이라는 녀석이다. 녀석은 군대식으로,

"저희들은 이번에 서울, 수원, 평택, 예산, 부안 그리고 영광, 함평, 무안, 목포 거기서 다시 제주도까지 7박 8일간의 국토 순례를 성공리에 마쳤습니다. 저희는 '백두산까지 자전거로!'를 목표로 정말 죽을 힘을 다해 뛰고 뛰어 그 누구도 쉽게 해낼 수 없는 큰 일을 해내어서 너무 가슴 뿌듯합니다."

창호가 제 임무가 끝났다는 듯 앉아 버리자 다른 아이가 벌떡 일어선다. 마치 졸병 군인이 호명을 받은 것 같은 모양새다.

"예! 저희는 서울에서 시작해 수원, 평택, 예산까지 하룻만에 질주했습니다. 예산은 우리 강선생님의 고향이죠. 잊을 수 없는 기억은 강 선생님 어머니가 끓여주신 보신탕입니다. 저흰 지금도 그 맛을 잊지 못해요. 선생님 댁 넓은 마당에서 연기 피우며 먹던 그맛을요."

나도 왠지 군침이 돌아 불쑥 재민이의 말을 끊고 물어봤다.

"얘야, 그런데 그 맛이 그렇게 좋았니?"

"예! 하지만 사고가 났어요. 그만 제가 배탈이 났죠. 배를 잡고 때구르르 굴렀지만 잊을 수 없는 맛이었어요."

재민이가 머릴 긁적이며 앉았다. 모두의 가벼운 웃음이 터진다.

"자 이번엔 누구지?"

내가 너무 재미있어 조르니 깔끔하게 생긴 아이가 얌전히 일어선다.

"그날 저희들이 더욱 잊을수 없었던 일은 달빛 따라 달린 야간 하이킹이었습니다. 모두들 너무도 긴장하고 힘들었지만 예산에서 부안까지 그 시골길은 아직도 잊을 수 없어요."

자칭 신정동 멋쟁이 남민이라는 녀석이다.

내가 또 끼어들어갔다.

"그런데 재민인 어떡하구?"

"아! 재민이요. 어떤 맘씨 좋은 아저씨를 만나서 부안까지 차로 태워줄 것을 부탁드렸더니 아저씨가 승낙하셔서 재민인 차로 가구요. 저희들은 재민일 뒤쫓아 갔죠 뭐."

난 이 아이들을 다시 한번 봤다. 여느 아이와 다름없는 이 아이들한테 어디서 그런 용기가 있었는지 그저 자랑스러워 보일 뿐이었다.

"그래, 참 너희들 대단하구나!"

이번에는 퉁퉁한 몸이 든든해 보이는 아이가 다시 한번 요란스럽게 일어난다.

"부안에서 영광, 함평, 무안까진 우리 선생님이 제일 말썽이었어요. 저희들한텐 늘 큰소리 치시며 아무 걱정 말라고 하시더니 글쎄 사고는 영광에서 함평 넘어가는 고개였어요. 갈 길이 멀었는데 선생님께서 도저희 못 오르시겠다는 거에요. 저희들을 잡고 쩔쩔매시는데 어떡해야 할질 모르겠더라구요. 어쨌든 그 모습을 보고 있자니, 여잔 남자보단 어딘가 떨어진 데가 있다는 우리 아버지 말이 생각나더라구요. 앗! 죄송합니다. 아무튼 그랬어요. 선생님 죄송합니다."

녀석의 능청이 이상히도 귀여워 보였다.

"그래 수고 많았다. 뭐 더 새로운 건 없니?"

이번엔 웬 종이를 주머니에서 만지작거리다 꺼내면서 일어나는 아이가 있었다. 우진이라는 녀석이다.

"저흰 목포로 갔어요. 너무 피곤하고 힘들어서 모두 엄청 지쳐 있을 때였죠. 우선 숙소를 잡고 다들 휴식을 취했죠. 전 그래도 목포를 그냥 지나칠 수 없어 근처 부둣가로 혼자 나가 봤어요. 그리고 이걸 스케치 했어요. 나중에 제가 결혼해서 제 자식에게 가보로 물려주려구요. 교장 선생님 이거 한번 보세요."

아이가 펴든 쭈글쭈글한 종이엔 어질어질한 목포 부두의 전경이 있었다. 썩 잘 그렸다곤 할 순 없어도 우진이의 꿈이 담겨진 소중한 그림이었다.

"우진아, 그러럼 꼭 그림을 네 자식에게 전해주거라."

우진이는 수줍어하며 앉았다.

마지막 주자는 비장한 표정의 철호였다.

"배를 타고 제주도로 갔습니다. 배 위는 위험하다고 선생님이 얼씬도 못하게 해서 제대로 물도 보지 못한 채 제주에 내렸어요. 하지만 여기서부턴 우리들 세상이었어요. 제주도의 그 푸른 바다를 그냥 둘 수 없잖아요. 그래서 제주에서 1박하고 선생님을 졸라 우도까지 가 보았죠. 그런데 선생님 우리 대학생이 되면 자전거 타고 유럽 여행을 하는 것은 어떨까요! 그때면 선생님은 꼬부랑 할머니가 되실 테니까 저희들이 자전거 뒤에 태우고 다닐까요?”

강선생이 눈을 흘기자 녀석들은 재미있어 죽겠다는 듯 배꼽을 잡는다.

“너희들 이런 여행을 통해 뭘 얻었니?”

“무엇보다 체력이 강해진 것 같아요. 이제 임진각 정도는 반나절 훈련 코스예요.”

“참을성이 많이 늘었어요. 전 학교 공부는 별론데 자전거 생각하면 짜증나는 학교 생활도 참을 수 있어요.”

“전 저희를 전혀 모르는 사람들이 길가에서 박수도 쳐주고 성원해 주는 데 깊은 감명을 받았어요.”

“제주도에 다녀왔더니 집이 아주 작아 보이던데요.”

그래, 다들 너무나 소중한 체험을 겪은 아이들이었다. 나는 무엇보다 강선생님이 고마웠다.

“선생님, 수고했어요. 처녀 몸으로 이 개구쟁이들을 데리고 그것도 전국을 그렇게 휘젓고 다녔다니 참으로 자랑스럽습니다. 자 한 잔 받아요”

나는 강선생에게 막걸리 한잔을 다시 권했다. 다른 녀석들은 입맛만 다시고 있었다. 난 이 자랑스런 아이들에게 어떤 기념이 될 만한 일을 해야 할 것 같았다. 그래서 자청해서 아이들에게 그들의 이름을 지어주겠다고 했다.

“자 너희들 여섯하고 강선생님 이러면 모두 일곱이지. 그래 일곱 개의 별들이야! 자연학교 이후 이야길 너희들이 쓰는 거야. 쎄븐 스타 클럽이 어떨까? 어떠니?"

　다같이 찬성한다는 힘찬 박수가 이어졌다.

　이들이 올해 여름 방학 때인 8월 1일부터 보름간의 대장정에 나
선다. 일본 규슈 일대의 우리나라 선조의 자취를 찾아 자전거 여행
을 떠난다는 것이다. 하루평균 90km씩 강행군하여 유쿠하시-벳푸-
노베오카 등으로 총 1,100km의 자전거 여정을 계획하고 있는 것이
다.

　이제는 나라 밖 선조들의 발자취를 찾을 만큼 훌쩍 커버린 대견
한 아이들. 이들의 열정이 언젠가는 백두까지 이어져 환한 일곱 개
의 별들로 빛나길 다시 한번 기원한다.

　세븐 스타 악동들 힘내라!

자연학교에서 만나는 자연의 친구들

자연에서 무엇을 배울 것인가
내 마음 속에 들어온 별들 이야기
강인하면서 아름다운 들꽃 이야기
환경의 지표 토종 민물고기 이야기
지구의 주인 곤충 이야기

자연에서 무엇을 배울 것인가

사람은 나이가 들어 말년이 되면 귀소 본능이 엄청 왕성해 진다고 한다. 귀소 본능이란 바로 자연으로 돌아가고픈 속성이다. 그 본능적 귀소 의지는 연어가 알을 낳기 위해 자기가 태어난 고향으로 거센 물결을 거슬러서 목숨을 걸고 돌아오는 힘만큼 강하다고 한다.

그런데 요새 아이들은 콘크리트 아파트에서 자라 고향이 뭔지, 자연이 뭔지 알 도리가 없다. 그 아이들이 늙어서 돌아갈 수 있는 고향이 없는 것이다. 강렬한 귀소 의지는 있지만 어디로 가야할지도 모르고 갈 데도 없다면 그 아이들의 말년은 얼마나 불행하겠는가? 그래서 이 아이들이 노인이 되는 시대가 오면 많은 정신병자들이 생길지도 모를 일이다.

아이들에게 추억을 만들어 주는 일은 애를 낳고 키우고 공부시키는 것보다 더욱 큰 일이다. 그 중에서 자연에서 놀고 먹고 또 자기가 직접 자연의 생명을 키워 보고 그 열매를 따 먹으며 자연과 생명의 소중함을 일깨워 주는 것은 그들이 이 다음에 귀소할 수 있는 구체적인 고향을 가르쳐 주게 될 것이다.

뿐만이 아니라 이런 추억을 갖고 있는 아이들은 앞으로 인생을 항상 원초적 자신감을 갖고 살아갈 수 있을 것이다. 도시와 아파트와 인스탄트 음식과 학교와 과외로 가두어진 아이들보다 자연 속에 방목되어 그 속에서 스스로 자연의 생명과 함께 살아갈 수 있는 지혜를 배운 사람이라면 그것은 자기 인생의 큰 빽(?)이 될 것이라 믿는다.

자연 속에서 자라는 아이들은 환경에 대한 적응력이 높다. 환경 적응력은 아이들에게 스스로 살아갈 수 있는 생존력을 키워 준다. 그리고 생존력은 인간이 살아가는 데 필수적인 의식주를 해결해 준다. 그런 점에서 자연 교육은 기본 생활 교육이라 할 수 있다.

한번은 한 고등학교 교사가 잘 사는 동네의 반 40명의 학생들을 시내 한 복판에 데려다 놓고 알아서 능력껏 집에 가보게 한 일이 있었다고 한다. 제대로 버스를 타고 집에 찾아 간 학생은 과연 몇 명이나 되었을까?

13명밖에 안 되었다고 한다.

이런 아이들이 영어를 잘하고, 수학을 잘 한다고 해서 과연 무슨 소용이 있을까? 자기 스스로 생존할 능력과 어떠한 상황에서도 스스로 살아갈 능력을 키워주지 못하는 교육이 참된 교육일까?

네덜란드라는 나라는 아이들의 생존 교육을 위해 옛날 힘들게 살던 시골의 집들을 보존하고 있다고 한다. 갈대로 만든 초가집을 그대로 보존하여 자연을 있는 그대로 이용해 집을 만드는 방법을 눈으로 가르치는 것이다.

일본만 해도 그런 교육이 잘 되어 있다. 그들은 특히 물에 대한 교육을 중요시 한다. 일본에는 지하수는 많지만 유황이 많이 섞여 식수로 쓸만한 물이 별로 없기에 먹을 물을 구하는 방법, 먹을 물을 식별하는 방법을 가르킨다.

얼마전 초등학생 하나가 공원에서 울타리 넘어간 공을 찾아 넘어 오다 그만 피복이 벗겨진 전기줄을 잡아 감전으로 죽은 일이 있었다. 언론은 벗겨진 전기줄을 방치한 책임 행정 당국을 비판하지만, 나는 그런 위험물을 식별하는 교육을 하지 않는 우리 교육 현실도 비판해야 한다고 생각했다.

생존력을 키워 주는 교육은 또한 의식주만이 아니라 위기 상황 대처 능력도 키워주어야 한다. 전기, 가스 등에 대한 안전 교육, 지진, 태풍 등 위험 예방 및 대처 교육, 그리고 삼풍 백화점 붕괴 사건과 같은 상황에 처했을 때 대처하는 교육 등이 이뤄져야 하는 것이다.

그래서 스스로 자립할 수 있는 능력은 먹여 주고 입혀 주고 재워 주고 하면서 공부만 한다고 생기는 게 아니다. 아무도 도와주지 않는 상황에서 혼자의 힘으로 전혀 가공되지 않은 자연물을 이용해 살아갈 능력을 키워 주는 자연 교육이 선행되어야 하는 것이다.

신라의 화랑도가 왜 물과 산을 찾아 다니며 수련을 했겠는가? 그들이 자연의 힘을 빌어 호연지기를 키운 것은 관광 여행을 다녀서 되는 게 아니었다. 콘도도 없고, 식당도 없고, 카페도 없는 그야

말로 원초적 자연에서 그런 생존 능력, 상황 적응력, 인내와 극기
력을 키우며 호연지기를 품었던 것이다.

자연은 인간의 마음을 순화시켜 준다. 자연만큼 인성교육에 훌
륭한 선생님은 없다. E.Q시대에 감성 지수를 높이는 교육의 핵심
은 바로 자연 교육에 있다. 자연은 열린 세계이다. 그러나 도시는
닫힌 세계이다. 항상 일정한 틀 속에서 살아야 하는 도시 생활은
늘 스트레스가 과잉되어 있다. 도시의 문화는 획일적이고 그래서
모든 게 모나 있다. 모난 돌이 정 맞는다고 하지 않았던가.

그래서 아이들이 자연학교에 오면 싸우는 일이 없다. 놀 게 너무
많아 교실에서라면 싸웠을 일이 여기서는 아무 문제도 안된다. 문
제아도 여기 오면 문제아가 아니다. 오히려 자연학교에선 우등생
이다. 소위 문제아라는 것도 따지고 보면 자유롭고자 하는 열망이
남들보다 강한 아이들이다. 그런 아이를 가둬 놓으니 맨날 싸움만
하고 문제만 일으키게 되어 있다. 그러나 자연학교에선 애들이 더
잘 논다. 싸우기는커녕 오히려 애들을 이끌고 다닌다. 노는데 선수
니까.

자연학교에 온 아이들에게 자연의 소리를 듣게 한 적이 있다. 달
빛도 없는 아주 캄캄한 그믐밤에 아이들을 한적한 도로에 벌렁 눕
게 한다. 그리고 아무말 없이 장난도 치지 말고 주변의 소리를 듣
게 한다. 처음에야 개구리 소리가 제일 커서 그 소리만 들리는 줄
알았더니만 웬걸 아이들은 점차 작은 소리도 잡아 내어 어른들은
들을 수 없는 소리까지 들을 수 있게 된다.

무슨 소리를 들었냐고 물어 보면,

"나뭇잎 스쳐가는 바람 소리요,"

"곤충들 날아가는 날개 소리요,"

"다람쥐 걸어 가는 발자국 소리요,"

"내 심장 뛰는 소리요."

그리고 애들은 까르르 웃는다.

사람이 태어나서 제일 먼저 트이는 것은 귀라고 한다. 물론 죽을 때에 제일 늦게까지 열려 있는 것도 귀라고 한다. 그만큼 소리는 사람들에게 매우 중요한 정보라 할 수 있다. 도시의 기계 소리와 소음에 찌들려 무궁무진한 자연의 소리를 못 듣고 자란다면 그런 아이의 감성과 정서가 제대로 성숙하겠는가?

사실 귀만이 아니라 도시에선 인간의 오관, 즉 시각, 청각, 후각, 촉각, 미각이 죽어 있다. 자동차 매연, 자동차 소음, 오염된 물 등 도시에선 온통 인간의 감각을 거부하는 것들 투성이다. 끊임 없이 바깥 세계에 대한 호기심을 가지며 감각을 키워야 할 나이에 온통 바깥 세계는 조심해야 될 위험물로 가득차 있으면 아이의 감각 기능은 위축된다. 자폐증이 많아지는 것도 생생하게 살아 있어야 할 감각이 닫혀지니 너무 당연한 일이라 하겠다.

조기 교육도 마찬가지다. 아이의 모든 감각은 폭넓고 다양하게 개발되어야 하는데 성장 단계를 무시하고 한쪽으로만 암기하듯이 가르친다면 오히려 아이의 감각을 편중되고 편협되게 만든다.

아이 때는 감수성을 풍부하게 키우도록 해야 한다. 친구들과 놀며 감각 기관을 활짝 열게 해주어 대자연으로부터 싱그런 바람, 따

215

뜻한 햇살, 향긋한 풀 냄새, 시원한 나무 그늘, 부드러운 흙의 감촉과 풋풋한 냄새, 그리고 많은 호기심을 자극할 소중한 생명체들과 어울려 자랄 수 있도록 해 주어야 한다.

그래서 자연 교육은 곧바로 창의력 교육으로 이어진다.

'하늘 아래 새로운 것 없다'는 말처럼 인간이 창조한 것은 사실 다 자연으로부터 모방한 것이라 해도 과언이 아니다. 자연의 다양성은 사람의 상상을 초월한다. 대자연의 폭은 사람이 상상할 수 있는 폭을 훨씬 능가한다. 앞에서, 산에 들어가 들꽃을 보며 공부하는 이태리의 디자인 학교를 소개한 것처럼, 무궁무진한 자연의 섭리는 사람의 상상력을 무한히 자극한다.

그림을 그려도 자연 속에서 자란 아이는 도시 아이와 다르다. 꽃을 그려도 한 가지만 그리지 않는다. 동물을 그려도 집에서 닭과 오리와 염소와 강아지와 놀면서 자란 아이와 텔레비전에서만 보아 온 아이가 그린 그림이 같을 수가 없다.

자연학교에 오면 아이들에게 인기 있는 것 중에 하나가 올챙이다. 몇 놈이 열심히 논 바닥 물을 쳐다 보고 있는데 한 아이가 와 물을 첨범 대면, "야 물 흐리지마! 올챙이 그림자가 안 보이잖아" 한다. 물속으로 비치는 그림자를 보고서 올챙이를 잡는 것이다. 이런 식으로 애들은 자연을 배우고 또 자연을 이용하는 방법을 스스로 깨우친다.

어떤 놈은 자연학교에 왔다 하면 개구리만 쫓아 다니는 놈이 있다. 귀여운 청개구리, 독있는 무당 개구리, 참개구리 등을 보면서

216

그 아이는 개구리 박사가 된다.

두밀리 자연학교는 바로 이런 곳이다. 신바람 나게 놀면서 자연에서 먹을 것을 찾게 되고, 친구들과 친해지며, 신비한 자연의 이치를 스스로 배운다. 그래서 이곳도 '학교'라는 이름을 붙인 일이 항상 마음에 걸렸다. 여기와서도 또 '학교'라는 울타리를 아이들에게 짊어 주고 싶지는 않았다. 학교라는 이름 외에 적당한 것이 없어서 였기도 했지만 그보다 진짜 학교를 만들고 싶어서 였기도 했다.

울타리도 없고, 외울 것도 없고, 눈치 볼 일도 없는 그런 완벽한 자유가 있는 곳으로 만들고 싶었다. 물과 물고기와 꽃과 나무와 식물과 그리고 간섭도 없고 훈계도 없는 곳으로 만들려 했다. 단지 자연 속에서 미친 듯이 놀 수 있는 곳이면 그만일 뿐이었다.

두밀리 자연학교는 아이들이 좋아할 수밖에 없는 것들 투성이다. 우선 누구나 보면 좋아하는 깨끗한 시냇물이 있다. 멱도 감고 수영도 하고 물장난도 치고, 그리고 가재도 잡고 다양한 우리 토종 물고기도 관찰할 수 있는 그런 냇가이다. 그리고 그 냇가 위에 멀대 같으면서도 우스꽝스럽게 생긴 장승이 아이들을 보호하듯이 할아버지 할머니의 눈빛으로 서 있다.

그 다음 자연학교에 오면 아이들은 누구나 농부가 된다. 5월이 되면 수박, 참외, 토마토 씨앗을 심으며 6월에는 오이와 옥수수 모종을 심고, 7월에는 산나물 들나물을 캔다. 그리고 8월이 되면 5월에 자기가 심은 수박 참외 토마토를 수확하며 9월 마지막 학기에는 고구마도 캐고 호박도 따고 밤도 딴다.

자기가 심고 가꾸며 자기가 직접 따서 먹는다. 이 속에서 아이들은 생명의 신비를 배운다. 콩알만한 씨를 땅에 묻었는데 그게 엄청 자라서 열매가 자기 입속으로 들어 온다는 것을 생각하면 아이들은 그저 신기해 하기만 한다. 물론 무공해로 농사지은 것들이다.

저녁을 먹고 나면 자연학교의 자연학습 시간이 시작된다. 물론 시청각 교육과 함께 실험도 실시된다. 그야말로 살아 있는 교실이 되는 것이다.

무한한 우주의 세계로 상상의 여행을 떠나는 별자리 이야기가 이태형 선생님의 강의로 시작된다. 선생님의 별자리 애기를 들으면 아이들은 별만큼 초롱초롱한 눈빛으로 머리는 무한한 우주의 세계로 빠져 든다. 가로등과 네온사인, 스모그에 가려 장막이 쳐진 도시의 하늘만 보던 아이들이 활짝 열려진 자연학교의 하늘에 이렇게 별들이 많다는 것을 보며 마냥 신기해 한다. 깜깜하기만 한 어둠의 세계였던 밤의 하늘이 이곳에선 활짝 열어 제껴져 또 다른 세계가 무한으로 펼쳐져 있다는 것을 진지하게 깨닫는다. 아니 어쩌면 지구인들이 오히려 좁디 좁은 땅덩어리에 갇혀져 우물안 개구리처럼 살고 있구나를 깨달을지도 모른다.

땅으로 내려 오면 자연의 신비는 또한 끝 없이 펼쳐진다. 김정환 선생님의 곤충 이야기도 그 중 하나다.

나비의 생애는 아이들에게 제일 많이 호기심과 관심을 불러일으

킨다. 징그럽게 생긴 애벌레가 아름다운 나비로 탈바꿈하는 사건은 너무나 신비롭고 놀라운 일이다. 변신의 극치, 추에서 미로 변하는 생명의 변신 능력은 어쩌면 아이들에게 자신의 인생 행로에도 애벌레의 고통을 딛고 희망찬 내일로 나갈 수 있다는 꿈을 줄 수 있을 것이다.

물은 여러 가지로 인간에게 이로움을 가져다 주는 소중한 존재이다. 물이 없으면 살 수도 없지만 또 물이 없으면 어린이들에겐 재미도 없을 것이다. 사람이면 누구나 물에서 노는 것을 좋아하지만 특히 아이들처럼 물을 좋아하기는 쉽지 않을 것이다.

그런데 물이면 다 좋은 것은 아니다. 그 속에는 물의 주인공, 즉 물고기가 없으면 별로 재미도 없고 그렇게 신명이 나지 않을 것이다.

자연학교의 냇물에는 토종 물고기들이 많이 산다. 최기철 선생님의 물고기 이야기를 통해 물고기의 세계도 인간만큼 소중한 생명의 세계라는 것을 알면 아이들은 자연스럽게 환경주의자가 된다.

꽃의 여왕은 역시 장미다. 그러나 장미 하면 어째 만들어진 느낌을 지울 수 없다. 왜까?

우리가 보는 장미는 자연 속에 있지 않다. 꽃집에 담장에 꽃병에 담겨져 홀로 아름다움을 뽐내고 있다. 그것을 보는 사람들은 기분이 좋을 지 모르지만 장미의 입장에선 너무 외로울지 모른다. 친구가 없으니까. 모든 생명은 자기의 세계 속에 벗들과 어우러져 함께 있을 때 자기의 아름다움을 더욱 뽐낼 수 있는게 아닐까? 홍일점도 자기 혼자만 있으면 홍일점일 수 없듯이….

들꽃의 아름다움이 바로 여기에 있다. 들꽃은 사람에 의해 가꾸어지지 않는다. 단지 자기 세계 속에 벗들과 함께 존재하는 자기일 뿐이다. 잡초라고 천대받을지는 몰라도 그에겐 아무런 문제가 안 된다. 꽃의 여왕도, 잡초도 인간의 이기주의가 만들어 낸 거짓 이름일 것이다.

보통 잡초를 미화하여 '이름 모를 들꽃'이라고 불려지는 것도 인간의 무지를 그대로 드러내는 것에 불과하다. 이름 없는 들꽃은 없다. 사람도 이름이 있어 인격이 있듯이 들꽃들도 꽃격(?)이 있어 다 자기만의 이름을 갖고 있다. 박평용 선생님의 들꽃 이야기를 듣다 보면 아이들은 또 하나의 소중한 생명의 세계를 발견하게 된다.

그 자리에 가만히 정지하고 있어 생명이 없는 것처럼 보일는지 모르지만 오히려 그들이 인간들을 보면 꽤 불쌍히 여길지도 모른다. 왜냐하면 그들은 인간들처럼 바쁘게 돌아다니지 않아도, 힘들게 노동하지 않아도 자기 생명을 유지하는 데 아무 문제가 없기 때문이다. 우리는 가만히 있어도 이렇게 행복하게 잘 사는데 인간들은 아둥바둥대도 살기 힘드니 참 불쌍한 존재들이야 하고 비웃을지 모를 일이다.

자연의 세계는 얼핏 보면 적자 생존의 세계처럼 보인다. 강자만이 살아 남을 수 있는 냉혹한 세계일지 모른다. 그러나 그들의 눈으로 자세히 들여다 보면 절대 그렇지 않다는 것을 알게 된다. 오히려 지금 인간의 세계가 그런 냉혹한 세계라는 것을 역으로 깨닫게 된다.

자연의 세계는 욕심이 없다. 사나운 맹수도 배가 부르면 절대 약한 동물을 잡아 먹지 않는다. 인간처럼 축재를 안하는 것이다. 약자 또한 무조건 강자에게 잡아 먹히기만 하지 않는다. 진드기는 천적인 무당벌레로부터 자기를 방어하기 위해 개미에게 꿀을 주며 그들의 도움을 받는다. 어떤 식물은 나비의 애벌레로부터 자기 잎을 보호하기 위해 잎에다가 가짜 나비알을 많이 만들어 나비가 알을 심지 않게 속이는 능력도 갖고 있다.

그렇듯이 약자는 약자 나름대로 자기 보호 능력이 있으며 강자는 강자 나름대로 욕심을 부리지 않아 자연의 세계는 균형을 유지한다.

자연의 능력은 어떤 면에서 인간의 능력을 능가한다. 자연의 생명들은 천재지변을 미리 알고 대비한다. 그리고 그들은 인간처럼 자기 파멸의 함정을 절대 파지 않는다. 인간이 자기를 위해 만든 문명의 이기와 자연의 개발은 거꾸로 자신의 파멸로 가는 함정을 만들지만 자연의 생명들은 절대 그런 우매한 짓을 하지 않는다.

사람들은 최근에 와서야 비로소 자연의 소중함을 깨닫고 있다. 하지만 아직 멀었다. 아직도 자연은 인간에 의해 파손되고 있으며 많은 생명들이 인간의 욕심 때문에 사라져 가고 있다.

자연은 인간을 위해서 존재하는 것이 아니다. 그런 이유 때문에 자연이 보존되어야 한다는 생각도 어쩌면 틀린 생각일지 모른다.

인간 중심주의 때문에 자연이 파괴되었지만 또 다시 인간 중심주의 때문에 자연이 보존되어야 하는 것도 틀린 생각이다. 자연은 어디까지나 자기 스스로 존재하는 것이다. 그래서 자연의 보존은 자연 중심주의라는 생각을 가졌을 때만 그렇게 될 수 있다. 인간도 그 자연 속의 한 구성원으로서 자리 잡을 때, 즉 자연의 무수한 생명 중 하나라는 생각을 갖고 그에 동참할 수 있을 때 인간도 제대로 생명의 가치를 인정받게 될 것이다.

그래서 다음 장부터는, 자연에는 어떤 생명의 세계가 움틀거리고 있는지 더 자세히 알아 보도록 하자.

내 마음 속에 들어온 별들 이야기

우주에는 1,000억 개의 은하계가 있다고 한다. 그리고 하나의 은하계에는 1,000억 개의 별들이 있다고 한다. 그 별들도 지구 같은 별이 아니라 태양 같은 별들만 계산해서 그렇단다. 1,000억 개란 숫자는 큰 강당에 1,000억 개의 콩을 채우고도 남을 만큼 큰 숫자다.

별들의 세계는 무한의 세계다. 우리가 밤 하늘에서 가장 친숙하게 볼 수 있는 북극성도 800광년이나 떨어져 있다고 한다. 빛 속도로 800년을 가야 도달할 수 있는 거리다. 거꾸로 생각해 보면 지금 우리가 보고 있는 북극성은 지금의 북극성이 아니라 800년 전의 북극성을 보고 있는 것이다. 그럼 지금 그 자리에 북극성이 있는지 아니면 사라졌는지 그 누구도 알 수가 없는 것이다.

그런데 빛 속도로 날 수 있는 우주선을 타고 북극성으로 간다면 그 우주선에 탄 사람은 한 70년 정도 여행하면 북극성에 도달할 수 있다고 한다. 물론 지구는 그동안 800년이 지났지만 말이다.

태양계에 같이 있어 지구와 가까운 별 목성도 빛 속도로 34분이나 걸린다고 한다. 태양계 직경은 15시간 거리다. 참고로 빛 속도로 지구를 여행한다면 1초에 지구 7바퀴를 돌 수 있다. 시속 800km로 나는 비행기도 한국에서 미국까지 가는데 12시간이 더 걸린다. 시속 120km로 달릴 수 있는 자동차는 서울에서 부산까지 가는데 5시간이나 걸린다는 점을 생각하면 우주의 세계는 도저히 상상하기 힘든 신비의 세계다. 굳이 말한다면 무한의 세계라고 할 밖에….

그러니 인간이 우주를 이해한다는 것은 내 몸속의 박테리아가 나를 이해한다는 것과 다를 바가 없는 것이다.

공부란 바로 상상력을 키우는 일이다. 암기하는 것만이 공부가 아니다. 요즘 시험 제도도 이해 위주로 바뀌고 있다지만 이해력 또한 자기 사고 틀을 벗고 상대방의 사고와 감정을 상상할 수 있을 때 키워질 수 있는 것이다. 창의력 또한 마찬가지다. 어떤 고정 관념도 버리고 무한의 세계에서 상상력을 키워갈 때 여러 가지 다양한 아이디어를 얻을 수 있는 일이다. 그런 점에서 별들의 세계는 아이들에게 무한한 상상의 세계를 그려 준다. 그런 점에서 별을 못 보고 자라는 도시의 아이들은 사고가 그만큼 굳어질 우려가 많다.

무한한 별들의 세계를 상상하는 공부는 별자리를 익히는 것부터 시작한다. 그것은 무한의 세계를 유한의 세계로 만드는 상상이다. 인간들은 그렇게 별자리들을 만들어서 별들의 세계를 이해했고 또 자기들에게 유용한 것으로 써 먹을 수 있었다. 천문학의 시작도 이렇게 시작되었다. 코페르니쿠스의 지동설(지구가 태양을 중심으로 돌고 있다는 학설로 당시 지배적이었던 지구가 우주의 중심이라는 천동설에 비할 때 매우 혁명적인 이론이었다.)도 바로 별자리를 주의 깊게 관찰한 결과였던 것이다.

그리고 점성술도 바로 별자리 찾기로부터 만들어졌다. 이렇게 인간들은 별을 자기들과 상관 없는 머나먼 우주의 세계에 불과하다고 보지 않고 인간들과 긴밀한 관계 속에서 보아 온 것이다. 그래서 인간들은 별자리를 대부분 동물의 모양이 아니면 전설의 인간으로 형상해 낸 것 같다.

대표적인 동물자리는 북두칠성인 큰곰자리와 작은곰자리 별이다. 그리고 용자리, 백조자리, 사자자리, 삵괭이자리, 독수리자리, 황소자리, 염소자리 등이 있다. 그런데 옛날 사람들은 어떻게 별자리들을 보고 그런 상상을 할 수 있었는지 참으로 신기하기만 하다. 북두칠성도 차라리 국자 모양이다고 하면 금방 이해가 갈텐데 거기에 무슨 곰을 그릴 자리가 있다고 곰을 상상했는지 어떻게 보면 황당하기만 하다. 굳이 좀더 상상한다면 오히려 '발에 밟힌 뱀'의 모양이 더 그럴 듯하다.

용자리를 보면 더 심하다. 용자리를 이루고 있는 별들은 너무 멀리 떨어져 있고 또 작은곰자리 같은 별을 포함하고 있어 전체를 연결하기도 힘들고 그게 어떻게 용의 모양을 하는지 참 구별하기 힘들기만 하다.

그런 황당함은 황소자리에 이르면 극치에 이르게 된다. 가을 하늘의 동쪽 산등성 위를 보면 아담한 V자가 누워 있는 모습을 볼 수 있다. 약간 위쪽에는 북두칠성을 축소해 놓은 듯한 작은 국자 모양의 별이 있다. 이 둘을 합쳐 그림을 그려 보면 오히려 새총으로 생각하는 게 더 알맞을 것이다. 그런데 이 별자리에서 황소를 상상했다니 옛 사람들의 상상력은 도저히 상상하기 힘들기만 하다.

그런데 상상력이 여기에까지 미치면 별자리에는 고정된 이름이 있을 수 없구나를 상상할 수 있어야 한다. 누구든지 보는 사람에 따라 자기만의 별자리를 상상해도 좋다는 얘기다. 얼마든지 새롭게 이름붙일 수 있는 별들도 많다. 특히 작은 사자자리와 삵쾡이자리는 17세기 후반에 새로 찾은 별자리이기 때문에 전해 내려오는 전설이 없어 우리의 상상력을 자극하기 딱 좋은 별자리다. 한번 이 별자리의 다른 이름도 붙여 보고 또 재미있는 전설도 만들어 보면 아이들에게 잊지 못할 추억이 될 것이다.

별들의 세계를 보다 보면 어느 덧 아이들 마음에 우주의 기운이 들어와 자연스럽게 호연지기가 키워 진다. 무한한 우주의 생각을 하다 보면 겸손해 질 수밖에 없고, 또한 그런 광대한 세계를 마음 속에 상상으로 그리다 보면 자연스레 자기 마음에 또 하나의 우주가 들어와 큰 그릇감이 될 자질을 키울 수 있을 것이다.

작년엔가 자연학교에 온 아이들이 이런 수수께끼를 주고 받는 걸 훔쳐 들은 적이 있다. 실로 황당하기 그지 없겠지만 또한 진실로 고개가 끄덕여 지며 저놈들 마음 속에 진짜 우주가 들어가 있구나를 느낀 적이 있다.

"이 세상에서 제일 큰 게 뭐 게?"

"음…, 뭔데?"

"뭐긴 뭐야, 상상력이지! 뭐든지 생각해서 다 집어 넣을 수 있으니까."

참으로 놀라운 수수께끼지만, 나에게는 짓궂게도 이런 의문이 새로 떠올랐다.

'상상력이 클까, 우주가 더 클까? 우주 바깥은 도저히 상상할 수 없으니 적어도 상상력이 우주보다 클 것 같지는 않은데…'

강인하면서 아름다운 들꽃 이야기

박평용 선생님의 들꽃 이야기는 두밀리 자연학교가 처음 열었을 때부터 시작된 가장 오래된 자연 학습 프로그램이다.

들꽃 공부는 자연 학습의 기초 과목이라 할 수 있다. 자연을 아름답게 수 놓고 있는 수많은 들꽃, 즉 풀과 꽃 그리고 수많은 나무들은 온갖 새들과 들짐승, 풀벌레 등 자연의 여타 생명들의 집이요, 먹이요 옷이 되는 삶의 근원이기 때문이다.

박평용 선생님이 들꽃 중에서 가장 애정을 갖고 가르치시는 것은 패랭이 꽃이다.

패랭이 꽃이 얼마나 예쁘고 깨끗한지는 아이들이 먼저 안다. 두밀리에도 그 꽃은 얼마 안 남아 폐교된 두밀 분교 위쪽으로 꽤 올라가야 볼 수 있는데, 아이들에게 보여 주면 애들은 이구동성으로,

"진짜 이렇게 깨끗한 꽃이 있어요?"

"캐다 심은 것 아니에요?" 한다.

우리 사회에 언제부턴가 서양 문물이 물밀 듯이 들어와 문화 전

체가 온통 서양화되면서 꽃도 서양화(花)가 독차지해 버려 어른이
나 아이들이나 우리 들꽃은 초라하고 볼품 없는 것으로 알고 있으
니 그런 질문들이 나오는 것은 어쩌면 당연한 일이다.

그러나 패랭이 꽃은 서양화보다 예쁠 뿐만 아니라 생명력도 강
인하여 꽃병에다 꽂아 놓으면 한달 반이나 산다.

주로 냇가에서 자라는 패랭이 꽃은 척박한 모래에서도 잘자란
다. 그 생명력이 얼마나 강인한지 장마가 지면 물속에 잠겼다가 물
에 쓸려 온 흙과 모래더미를 뚫고 다시 일어나 꽃을 피운다.

이런 강인한 생명력 때문에 패랭이는 우리 민족의 평민들 삶과
닮은 점이 많다. 패랭이는 척박한 조건에서도 환경을 탓하지 않고,
그 환경에 적응하여 자손을 퍼뜨리고 보잘 것 없는 땅을 아름답고
비옥하게 만들어 준다.

패랭이란 이름도 옛날 평민들이 쓰고 다니는 모자에서 따 온 이
름이다. 꼭 패랭이 모자를 뒤집어 놓은 것과 똑 같은 모양을 하고
있기 때문이다. 그런데 우리 사회가 서양화되다 보니 패랭이 모자
도 잃어 버리고 그 모자를 잃어 버리니 그 꽃도 잊어 버리고 사는
것이다.

패랭이 꽃을 비롯해 우리 들꽃들은 조상 대대로 우리와 같이 생
활해 왔고 그 강인한 생명력에 영향 받아 우리 고유의 정서와 문
화, 삶을 영위해 왔다.

그래서 박 선생님은 우리 것을 모르고 다 잊어 버린다면 국제화
니, 세계화니 하는 것들은 사실 우리 사회와 문화를 더 서양화시키
는 것과 다른 게 뭐가 있냐고 역설하신다. 우리 것을 잊어 버릴 때

과연 어떻게 우리가 주체적이고 창조적일 수 있겠는가. 바로 박선 생님이 들꽃을 이야기하시는 이유가 여기에 있는 것이다.

우리 것을 잊어 버리고 스스로 서양의 것을 따라 에델바이스라 고 이름지워진 대표적인 것이 솜다리라는 꽃이다. 설악산 높은 절 벽에 홀로 피어 있는 이 꽃은 그동안 많은 사람들이 에델바이스라 고 알고 있고 또한 공식 명칭도 그렇게 불리워 왔다. 그러나 이꽃 은 수입꽃이 아니라 원래 우리 땅에 피어 왔던 자생꽃이다. 스위스 와 우리 땅은 비슷한 위도에 있어 그 위치에 피어 나는 꽃이 에델 바이스와 솜다리다. 같은 꽃이래서 그렇게 불리울 수도 있겠지만 어떻게 우리 고유 이름을 우리 스스로 내팽개치고 남의 이름을 쓸 수가 있는가.

이 뿐만이 아니다. 근처 야산에서 무리지어 봄의 향기를 전해주 는 쑥부쟁이와 구절초 꽃도 들국화로 잘못 표기되어 있다. 미선나 무와 같이 우리나라에서만 자라는 희귀 식물조차 아는 사람이 별 로 없는 것도 있다.

우리는 이렇게 그 소중함을 무시하고 살지만 그래도 꿋꿋이 우 리를 지켜주고 있는 들꽃들은 무수히 많다. 삭막한 도시의 봄을 황 금 물결로 치장해 주는 개나리, 민들레, 그리고 수많은 잡초 속에 서도 아름다운 자태를 뽐내며 우리에게 맛있는 반찬이 되는 도라 지 꽃 등 그 수는 헤아릴 수없이 많다.

우리 들꽃이 종류도 다양하고 생명력도 강인할 뿐만 아니라 그 아름다움도 세계 제일이라 할 만한 이유는 우리가 살고 있는 이 땅 이 그 만큼 특이하고 드문 지역이기 때문이다.

우리 땅은 전반적으로 온대 기후에 속하면서도 전라남도와 제주도는 아열대 기후에 가깝고 6월이나 되야 철쭉이 피는 백두산 지역은 한대 기후에 가깝다. 그런 좁은 땅에서 다양한 기후가 형성되어 있어 메마른 이 땅을 들꽃들이 비옥하게 만들어 주고 그래서 우리들에게 먹고 살 수 있는 거리도 만들어 왔던 것이다.

이렇게 우리에게 도움을 주며 우리 주변에서 살고 있는 이런 들꽃들을 모르고서야 어떻게 다른 생명들이 귀한 줄 알겠는가.

또한 들꽃 공부 중에 중요한 목적은 아이들의 감각 기관을 살려 주는것이라고 박선생님은 말씀하신다. 선생님은 들판에 아이들을 데리고 나가, 들꽃 모양을 자세히 관찰하게 하고, 들꽃들의 독특하고 다양한 향내를 맡게 하고, 만져 보게 하며 아이들 저마다의 느낌을 갖도록 한다. 선생님은 절대 어떤 정해진 느낌을 아이들에게 요구하지도 유도하지도 하지 않는다. 다 자기 나름대로 느낌을 갖게 해야 원초적 감각이 제대로 살아 날 수 있는 것이지 선생님이 어떤 정해진 것을 요구한다면 또한 도식화된 죽은 감각만을 키울 뿐이기 때문이다.

도시의 아이들은 꽃을 그리라고 하면 한 두 가지 모양밖에 못 그린다고 한다. 색깔도 마찬가지다. 그러나 자연의 들꽃은 잎파리에서 꽃 모양과 색깔까지 너무나 다양하다. 그래서 들꽃 공부는 또한 예술 공부요 디자인 공부가 된다.

촉감 또한 너무 다양하다. 도깨비 풀 같이 옷에 착 달라 붙는 놈이 있는가 하면 까끌까끌한 놈부터 가시처럼 상처 내는 놈에다 강

232

아지 풀처럼 부드러운 놈과 갑옷처럼 단단한 놈 등 끝이 없다. 요
새 애들은 아마 까끌까끌하다는 말을 아는 애들이 거의 없을 것이
다. 그런 느낌을 받아 보지 못했으니 말을 모르는 것은 당연한 일
이고, 말을 모르니 정서도 폭넓어 질 수가 없는 일이다.

향수도 들꽃에서 따 올 정도로 냄새 또한 너무 다양하다.

보통 들꽃과 식물들의 향은 오전 9시에서 10시 사이에 아침 안
개를 타고 퍼져 나간다. 이런 식물의 독특한 향내는 약리성이 있어
시골 사람들이 도시 사람들보다 피부병에 안 걸린다고 한다. 어디
그뿐이랴. 자동차 매연, 오염된 먼지, 오존 공해 등 도시에는 인간
을 거부하는 냄새들로 꽉 차 있어 후각이 제대로 살아 날 수가 있
겠는가.

자연의 소리, 자연의 냄새, 자연의 맛, 자연의 색깔, 자연의 경치
는 우리 감각을 감싸주고 일깨워 준다. 특히 아이들은 아직 어른만
큼 굳어져 있지 않아 더욱 열려 있다. 조기 영어 교육, 조기 수학
교육이 필요한 게 아니라 조기 자연 교육이 더 절실해지는 때다.

마지막으로 박평용 선생님이 쓰신 시를 소개하며 다음 글로 넘
어가자.

패랭이 꽃

옥색 옷 한벌로   긴긴 여름 해가
호롱불 켜 들고   문설주를 돌아가도
오실 날 기다리며   기다림만
개여울에 홀로 앉아   기다림만
어둔 밤을 지새웁니다.   가슴으로 남아
                                    검게 탄 그리움만 남고

소쩍새 시새움에
소스라처 놀란 가슴   하얀 모래 밭에
기다림으로   까만 조약돌 위에
기다림으로   옥색 옷 입고 서서
소리없이 흐른 눈물은   빨간 초롱불 수없이 밝혀 놓고
이슬이 되고   오늘도
                                    기다림으로
                                    기다림으로
토해 버린 핏방울은   그리움만 남깁니다.
화편(花片)으로 떨어져
산 돌아
들 돌아
그리움으로 돌아갑니다.   97.7.7 가평천에서 패랭이 꽃을 보며

환경의 지표 토종 민물고기 이야기

우리들의 강과 시내 또는 연못에서 발견할 수 있는 민물고기는 바다고기와는 달리 작고 온순하다. 이들은 각각의 특징을 가지고 살아가고 있으며 자연계의 모든 생명체들이 그러하듯이 자기 나름대로의 삶의 방식을 존중하면서 살아간다.

우리나라에 서식 중인 민물고기는 150여 종에 달한다. 이중에는 붕어와 잉어처럼 몸집이 큰 것도 있고 왜몰개와 송사리처럼 작은 것도 있으며, 돌고기처럼 못 생긴 것도 있고 황어처럼 잘 생긴 것도 있다. 그리고 화려한 무늬를 가지고 있는 각시붕어와 같은 종이 있는가 하면 그냥 밋밋한 느낌의 미꾸리와 같은 종들도 있다. 이뿐만이 아니다. 맛있는 것도 있고 맛없는 것도 있다.

약재로도 쓰이는 민물고기는 그 종류에 따라 약효가 다르다. 정말 각양각색이다. 이런 특징으로 인해 민물고기 이야기는 더욱 재미있고 흥미로운 것들이다.

이들 중 어린이들이 관찰하다 보면 흥미로움을 더하는 민물고기를 두서너 가지만 소개하자면 그 첫번째가 모래무지이다. 이놈은 모래속에 섞인 먹이를 먹기 위해 모래를 입에 넣고 먹이만 고르고 모래는 아가미 구멍으로 내뿜어버린다. 마치 고래가 물을 들이 마시고 숨구멍으로 뿜어 내 버리는 것처럼 말이다. 모래무지의 이러한 이상한 습성은 어린이들과 친구로 지내기에 충분한 이유가 된다. 그리고 피라미나 갈겨니와는 달리 이놈은 땅에 편하게 붙어 있기도 하는데 어린이들에게 이 이유를 물어 본다면 아마 이놈은 게으름뱅이로 취급당할지도 모르겠다.

두번째, 모래무지에 못지않은 재미 거리를 제공하는 각시붕어가 있다. 이놈은 간단한 실험을 통해 자연의 법칙을 어린이들에게 쉽게 이해시키는 데에 아주 훌륭한 자연 학습 재료가 된다. 이 실험은 사월이나 오월, 수컷은 곱게 차려 입고 암컷이 알관을 늘어뜨렸을 때에 어항의 밑바닥에 모래를 깔고 조개를 넣은 뒤, 암컷과 수컷 대여섯 마리씩을 넣음으로써 시작된다.

수컷은 조개가 있는 곳에 모여 입을 조개에 대고 노려본다. 암컷은 얼마쯤 떨어진 곳에서 헤엄을 친다. 좀 지나서 수컷끼리의 전투가 벌어진다. 전투에서 승리한 수컷은 온몸으로 자신의 승리를 기뻐하며 좋아라 자축의 잔치를 벌인다. 이 잔치는 얼마동안 지속되다가 수컷은 짝을 구한다. 알을 낳을 준비가 끝난 암컷을 조개가 있는 곳으로 오게 하고 암컷이 조개의 곁에 오면 수컷은 모든 지느러미와 몸을 떨면서 암컷이 알을 낳도록 재촉하는 춤을 춘다.

이런 동작을 하는 동안에도 다른 수컷이 다가 오면 텃세를 부리면서 맹렬히 쫓아낸다. 이런 한바탕의 소동이 끝나면 암컷은 긴 알

관을 조개의 물이 나오는 관에 꽂고 그 속에 알을 낳는다. 그것이
끝나면 수컷이 물관을 향해서 정액을 뿌려준다. 이로써 잔치는 절
정을 이루며 끝을 맺는다.

조개의 아가미에 붙어 알은 성장하게 되고 얼마 후, 몸 길이가
7mm 안팎의 새끼 각시붕어가 조개로부터 나오는 것을 알 수 있
다. 그렇다면 조개는 남의 알을 받아 주고 그 알에서 나온 새끼가
자랄 방을 빌려 줄 뿐 손해만 보는 게 아닌가라는 의문이 생긴다.

그렇지는 않다. 그 사이에 조개도 알을 낳으면 그 안에서 알을
깐 새끼가 각시붕어 지느러미에 붙어 한 달쯤 기생하며 살 수 있게
된다. 이 실험을 통해 우리들의 어린이들이 배우는 자연의 법칙은
다름아닌 조개와 각시붕어의 돕고 살아가는 공생의 관계이다.

세번째 흥미거리의 주인공은 5, 6월 경에 알을 낳는 성숙한 참붕
어다. 이놈들은 이때에 물의 깊이가 30cm를 넘지 않는 얕은 곳으
로 모인다. 여기서 아주 재미있는 현상을 볼 수 있다. 수컷이 암컷
을 끌어들이는 방법이 그것인데 수컷은 돌에 묻은 진흙이나 물이
끼를 말끔하게 청소를 한다. 그것도 돌 지름의 1.5에서 6배에 달하
는 구역을 말끔히 청소를 한다. 이곳이 바로 암컷이 산란을 하는
장소가 된다.

수컷은 여기서 끝나지 않고 암컷의 산란이 끝나면 주위를 돌면
서 알을 보살핀다. 그리고 다른 암컷이 나타나면 수컷은 또 다시
달려가서 자신이 청소를 한 구역을 온몸으로 가리키고 그 곳으로
암컷을 유도한다. 참붕어의 수컷이 산란기에 맡는 역할은 너무나
도 많다. 어떤 때는 길을 안내하기도 하고 다른 물고기나 수컷이

접근을 하지 못하게 싸우기도 하고 종족을 보존하기 위해 알을 지키는 아버지의 역할도 한다. 참붕어의 수컷을 통해 우리는 우리 아버지들의 속마음을 짐작할 수 있지 않을까.

　우리나라에 서식하는 많은 민물고기 중에서 버들치, 버들개, 붕어, 잉어, 피라미, 갈겨니는 우리나라를 대표하는 민물고기들이다. 대표한다는 것이 단순히 수적으로 많다는 것도 하나의 이유겠지만 더욱 중요한 이유는 이 여섯가지의 민물고기가 바로 우리나라의 환경 보존을 측정하는 역할을 담당하는 지표종이기 때문이다. 예전에는 맑은 물에서만 자라는 버들치, 버들개, 갈겨니 같은 것들이 다수를 차지하고 있었으나 지금은 수가 점차적으로 줄면서, 조금 흐린 물에서도 자라는 피라미, 붕어, 잉어의 수가 더욱 많아지고 있다. 그만큼 우리의 물이 오염되고 있다는 증거이기도 하다.

　갈수록 더해가는 환경 오염 속에서 우리들의 민물고기 중에는 이미 멸종의 위기에 처한 것들도 많다. 우리가 민물고기를 사랑하고 아껴야 하는 이유는 누가 일러주지 않아도 잘 아는 까닭에 더욱 답답하기만 하다.

　휘어지는 낚시대에 걸려 올라 오는 어린 날의 향수, 그물 속에 담겨서 올라오는 고향은 우리들의 삶과 분리할 수 없다. 다시 투명하게 되살아나는 송사리의 기억을 되살려 본다.

　어느 여름날, 개울가의 그늘진 곳에서 두 발을 담근 채 잠이 든 적이 있다. 잠시 후 발가락에 닿는 작은 느낌이 있어 놀랜 가슴으로 살펴보니 송사리였다. 아직도 나는 투명하게 비치는 그때의 기억을 잊지 못한다. 아주 작지만 소중한 느낌, 놀랍고도 신비로운 느낌, 이렇게 아름다운 추억과 향수가 이제 환갑을 지난 나이에도 조그마한 생명체로 인해 되살아 난다.

지구의 주인 곤충 이야기

아마 지금 어린이들은 가을 달밤 아래 베짱이, 메뚜기, 귀뚜라미가 울어 대는 오케스트라를 들어 본 적이 없을 것이다. 그런 어린이들에게 내가 꼭 보여 주고 싶은 것이 바로 옆쪽의 그림이다.

이 그림은 내가 다니던 농대에서 곤충학을 가르치신 구건 교수님의 작품이다. 나에게는 아버님이자 큰형님처럼 그리고 신앙 동지이기도 했던 선생님은 이 세상에서 곤충과 어린이들을 제일 사랑하셨던 분이셨다. 내가 어린이들을 위해 자연학교를 만들게 된 최초의 동기도 바로 이 스승님과의 만남에서였다.

그런 스승님의 철학과 애정관을 그대로 보여 주는 이 그림은 나의 잊을 수 없는 큰 추억으로 남아 있다. 남루한 옷차림을 한 아이의 애정 어린 눈빛, 고향의 어머니가 계실 초라한 초가집, 그리고 풍성한 가을 밤하늘에 조명불보다 더 환하게 떠있는 보름달, 이런 장면에서 벌레들과 어린이, 그리고 자연을 사랑했던 선생님의 마음이 달처럼 강하게 다가왔던 것이다. 선생님은 22년 전에 세상을 떠났지만 선생님의 마음이 우리 어린이들의 가슴 속에 다시 살아나길 바라며 이 글을 쓴다.

지구의 주인은 과연 인간일까?

아니다. 나는 과감히 이 물음에 '곤충'이라고 답하고 싶다.

곤충은 지구에 사는 전체 동물의 3/4 이상이 된다고 한다. 지구 전체의 동물은 약 150만 종으로 추산하고 있는데 이중 100만 종 정도가 바로 곤충이라 하니 가히 곤충들은 스스로를 "지구의 주인은 바로 우리들이다"라고 뽐낼지도 모른다.

4억 5천만년이나 된 곤충의 역사에 비해 그 역사가 400만년밖에 안된 인간은 어쩌면 곤충들에게 임대내어 지구에 산다고 해야 옳을 일이다.

곤충은 인간에게도 마찬가지지만 자연에서 없어서는 안될 존재다. 자연을 이루고 있는 나무와 식물들이 어떻게 번식하는가를 보면 이 말을 금방 이해할 수 있다. 우리가 좋아하는 꽃들을 들쳐다 보면 거기에는 항상 곤충들이 있다. 곤충이 없는 꽃은 오직 조화(가짜 꽃)밖에는 없다.

꽃에 있는 대표적인 곤충으로 벌과 나비를 들지만 그 외에도 나방과 파리 종류도 있고, 노린재, 나나니, 긴배벌 등 흔히 볼 수 있는 것과 그리고 꽃벼룩, 꽃무지, 꽃바구미, 꽃하늘소 등도 있다.

물론 모든 곤충이 다 꽃에 사는 것은 아니다. 그래서 해로운 곤충들도 많다.

해로운 곤충으로 대표적인 것은 파리를 꼽는다. 병원균을 전염시켜 사람에게 해를 주는 것은 파리 외에 모기, 바퀴 등인데 이런 곤충들은 특히 집에 사는 것들이어서 사람들은 요놈들 때문에 곤충하면 '벌러지 같은 것들' 하며 별로 좋아하지 않는다. 특히 도시에 사는 사람들은 그 선입견이 강해 모든 곤충들과 친하지가 않다.

이밖에 곡식과 과일을 파먹는 해충들도 자연에는 많이 산다. 특히 논의 벼를 먹어 치우는 멸구와 깡충이, 노린재, 메뚜기 등은 농약을 본격적으로 치기 전에는 심한 경우 1년에 40만명이 먹을 수 있는 쌀을 헤쳐 버렸다고 한다.

그러나 이런 해충들은 전체 곤충에서 1% 정도밖에 안된다고 한다. 그렇다고 그 나머지가 다 인간에게 이로운 곤충은 아니다. 그러면 인간에게 해로운 곤충은 다 죽이고 이로운 곤충들만 살리게 하면 어떨까?

한번은 말레이시아라는 나라에서 말라리아 병원균을 옮기는 모기를 일망타진하기 위해 DDT라는 살충제를 대량으로 뿌린 적이 있었다. 모기는 많이 죽일 수 있었는데 그 후로 이상한 일이 벌어졌다. 고양이가 잘 잡아 먹는 바퀴벌레까지 DDT에 중독되어 고양이들의 숫자가 급격히 감소하게 된 것이다. 그러니 이제는 쥐새끼들이 번성하게 되어 모기에 버금가는 골치 거리가 새로 등장하게 된 것이다. 얼마나 쥐들이 많아졌는지 당국은 할 수없이 고양이를 대량으로 수입해다 헬리콥터에 실어 공중 살포하는 웃지 못할 일이 벌어진 것이다. 빈대를 잡기 위해 초가삼간을 다 태운 꼴이 되어 버린 것이다.

이제 메뚜기도 논에서 볼 수가 없고 그나마 있는 놈마저 농약에 중독되어 죽으면 죽은 곤충을 먹어 치우는 개미조차도 쳐다 보지 않는다고 한다. 자연학교 곤충 강의를 하시는 김정환 선생님에 따르면, 메뚜기와 인간의 싸움은 사실 인간이 농사를 짓기 시작할 때부터 시작되었다고 한다. 수렵과 채집 생활을 하던 때의 들판은 메뚜기의 세상이었다.

그러나 그 들판을 인간이 농토로 점령하면서 그들과 싸움이 시작된 것이다. 그런데 이제는 농약까지 개발한 인간은 농토에서 완전히 메뚜기 쫓아내는 데 성공한 것이다. 이에 대해 김정환 선생님은 이렇게 경고한다. "실은 인간이 죽였다고 생각하는 메뚜기는 죽은 것이 아니라 대부분 논밭에서 산기슭이나 초원으로 달아났을 뿐입니다. …… 그러나 그들은 언제고 더 이상 굶주림에 버틸 수 없는 생존의 마지막 단계라고 느끼게 되면 다시 떼를 지워 인간을 괴롭힐지도 모릅니다. 옛부터 인간들은 논의 곡식을 악귀처럼 한번에 먹어 없애버리는 메뚜기 떼의 무서움을 알고 있습니다. 또 다시 그렇게 우리를 보복하러 올지 모를 일입니다."

곤충들의 세계를 인간들의 감정과 이익으로만 보아서는 안된다. 그들의 감정과 세계를 그들의 눈으로 이해해야 한다.

곤충들에게는 인간에게 없는 놀라운 삶이 있다. 그것은,

알→애벌레→번데기→성충

이라는 놀라운 변태를 거듭하는 그들만의 독특한 일생이다. 어떻게 이런 변태 현상이 나타나는지는 그 수수께끼를 우리는 아직 제대로 알고 있지 못하다.

인간들은 오랫동안 부모님 밑에서 자라지만 이들은 날 때부터 그야말로 유아독존으로 살아 간다. 절대 누구로부터 그들은 보호받지 못한다. 스스로 환경에 적응해 가며 다음 단계로 변신을 준비

한다. 그리고 그 변신은 정(靜)에서 동(動)으로 다시 동에서 정으로 갔다가 또 정에서 동으로 바뀌는 그야말로 혁명적인 변신을 거듭하며 자기를 완성시켜 간다.

그런 그들의 상황 적응력과 놀라운 변신력이 그들을 지구에서 몇억년 동안 진화하며 번영시켜 온 원천이 된 것 같다.

그러나 곤충들 개개의 수명은 인간에 비해 매우 짧다. 그들은 사람들처럼 자기 가문을 꾸리는 데 관심이 없다. 오히려 곤충 전체의 종족 번식에 더 헌신한다. 대부분 알을 낳으면 자기 수명을 다하는 그들의 짧은 수명과 놀라운 번식력이 그들을 몇 억년 동안 지구에서 생존하게 만든 것이다.

또 하나 그들은 꽃을 가진 식물의 번식을 도와주고 그로부터 먹이를 제공받으며 다른 생물들과도 공존하면서 번성할 수 있는 방법을 터득했다.

그에 비해 서로 무한 경쟁하면서 자신과 가족들의 이익만을 추구하며 자연의 다른 생명들까지 파괴를 서슴지 않는 인류라는 종이 얼마나 오래 생명을 유지할 수 있을지 참으로 안타까운 일이 아닐 수 없다.

곤충들의 세계는 인간과 별 다를 바가 없다. 오히려 인간들보다 더 지혜롭기까지 하다.

곤충들의 멋진 사랑 애기를 예로 들어 보자.

아마 곤충들의 사랑론에 대해선 자연학교 곤충 강사이신 김정환 선생님을 따를 분이 없을 것이다. 사랑은 항상 은밀하게 이뤄지는 것이어서 채집 연구보다는 그들의 삶을 있는 그대로 살펴보는 선생님의 관찰 태도가 그것을 가능하게 해 준 것 같다. 선생님이 쓰신 책『토박이 곤충에 관한 37가지 이야기』를 토대로 곤충의 사랑 얘기를 소개해 보자.

수컷의 교태스런 프로포즈에 암컷과 서로 눈이 맞아 교미에 들어 가면 이내 그들은 성적 엑시타시에 이르게 된다. 이들도 교미할 때는 전신의 몸을 전후좌우로 세차게 움직이며 이윽고 모든 생리 기능이 극한에 도달하여 극도로 긴장된 근육과 신경이 한 순간에 이완되면서 성적 엑시타시에 이르는 것이다. 곤충의 성기나 인간의 성기나 해부학적으로나 생리학적으로 별 차이가 없다.

그러나 곤충들도 사랑을 얻기 위해 상당히 노력을 한다.

암컷을 꼬시기 위해 혼수를 정성들여 준비하는 곤충도 있다. 파리의 일종인 남방춤파리의 수컷은 암컷을 유혹하기 위해 잡은 먹이를 자기 몸에서 하얀 실을 뽑아 예쁘게 포장을 한다. 그리고 암컷들을 향해 먹이를 물고 멋들어지게 춤을 추며 유혹하는 것이다. 그래서 서로 눈이 맞아 암컷이 선물 받은 먹이의 체액을 빠는 동안 수컷은 등에 올라 타 교미에 들어간다. 하얀 실로 포장하는 것은 그만큼 잘 보이려는 것도 있지만 게중에는 부실한 먹이를 눈속임하는 놈도 있다 하니 참 재미난 놈들이다.

러브 하트 모양을 만들며 사랑을 나누는 잠자리들의 교미 장면은 한편의 예술적인 무언극과도 같다. 꼬리끼리 서로 붙이고 몸을 들어 올려 머리는 마치 서로 뽀뽀하듯이 애무하는 광경이야 말로 가장 자연스러운 하트 모양인 것이다.

정조대를 채워주는 모시나비나 이른봄애호랑나비의 사랑은 참으로 순결한(?) 사랑이다. 이들의 생식기는 구멍이 두 개 있어 교미용과 산란용이 다르다. 그래서 교미 후 수컷은 암컷에게 정조대를 붙여주고 다시는 암컷이 교미를 못하게 한다.

어쨌든 곤충들은 단 한번의 교미로 자기 생명을 끝내는 게 대부분이다. 알에서 애벌레로 그리고 번데기에서 성충으로 고통스런 변태를 거듭하며 다음 후손을 낳고 자기 생을 마감하는 그들의 삶은 참으로 고결하기도 하다. 그들은 인간들처럼 단지 즐기기 위해 성을 노리개로 더럽히지 않는다. 그래서 그들은 불결한 성 행위로 생기는 병에 고통받지 않는다. 물론 그들도 교미를 통해 오르가슴을 느낀다. 어쩌면 가장 즐거운 쾌락이란 생명이 생명을 낳기 위한 순결한 오락만이 절정의 엑시타시를 가져다 주는 것 같다.

자연학교의 박평용 선생님이 들려 주는 반딧불의 사랑 얘기는 더 감칠 맛이 있다.

"자연이 준 아름다운 선물 중에 반딧불만한 것도 드물거에요. 아마 요정이 있다면 그것은 반딧불임에 틀림 없을 것입니다. 반딧불은 빛을 깜박거리며 사랑을 찾아 다닙니다. 그래서 암컷과 수컷이 눈이 맞아 사랑을 즐기게 되면 그 불빛은 두 개를 합친 것 이상으로 빛을 발하니 참 재미있는 곤충입니다. 그 불빛이 얼마나 환한지 아마 사람들이 이를 잘못 보고 도깨비불로 착각한 게 아닌가 싶을 정도에요.

빛을 깜박이며 사랑을 나누는 반딧불은 바로 사랑의 화신이라

할만 합니다. 이만큼 아름답고 낭만적인 러브스토리가 또 어디 있겠습니까? '뼈와 살이 타는 밤'은 반딧불에게 제격이라 해야 옳지 않을까요?"

반딧불 얘기를 할 때면 박선생님의 눈빛도 반딧불처럼 초롱초롱 빛난다.

요새 반딧불에 대한 박선생님의 걱정은 날로 늘어간다.

반딧불은 이렇게 불빛을 내며 사랑을 나눠 알을 낳기 때문에, 달빛만 있어도 그것을 피해 달이 저무는 늦은 밤이나 그믐날에 많이 나타난다. 그러니 인간들이 물 맑고 경치 좋은 곳이면 개발을 하는 바람에 인공 불빛이 많아져 반딧불들이 점점 사라지고 있다. 환한 곳에서는 서로를 알아 볼 수가 없어 사랑을 나누기 힘들고 그러다 보니 번식을 잘 못하기 때문이다.

사랑을 나눈 반딧불이 알을 낳아도 시련은 또 남아 있다.

반딧불은 알과 애벌레, 그리고 번데기까지 빛을 낸다. 물 속에 있던 애벌레는 커서 물 밖으로 약 3-5m 정도 올라와 흙속에 들어가 번데기가 되는데, 요새는 물 맑은 곳이면 음식점이나 카페가 안 들어 선 데가 없고 그런 곳이면 꼭 물가 주변에다 콘크리트를 쳐 발라 놓거나, 사람들이 많이 지나 다니게 되니 번데기가 될 수 있는 곳은 점차 사라지고 있다는 것이다. 오염된 물과 먹이인 다슬기가 줄어 멸종 위기에 처해 있다는 기존 의견에 비해 독특한 선생님의 주장은 그만큼 깊은 애정을 갖고 관찰해 온 결과라 하겠다. 물만 오염시키지 않으면 식당이나 카페가 들어서도 괜찮은가라는 의문을 갖게 하는 기존 이론에 비해 분명 선생님의 의견은 주목해 볼

만한 가치가 있는 것 같다.

반딧불을 탐사하며 겪은 박선생님의 일화 중에는 참으로 놀라운 기적 같은 일도 있다.

반딧불은 빛이 없고 물이 맑은 곳에 주로 살기 때문에 보통 탐사 장소는 꽤 깊고 험하다. 어린 제자들까지 데리고 다녀야 하니 날이 어둡기 전에 일찍 장소에 도착해서 탐사할 곳을 미리 샅샅이 답사를 해야 한다. 보통 물이 깊은 곳도 많고 불빛이 없는 곳이니 만약을 대비해 구명조끼도 착용해야 한다.

그 일이 생긴 것은 재작년 여름이었다고 한다. 버스에서 내려 25km까지 걸어 들어 갔다고 하니 꽤 깊은 오지였던 모양이다. 해가 어둑어둑해질 무렵 물 맑은 개천을 찾아 둑에다 야영하고 저녁까지 챙겨 먹고 탐사에 들어 갔다. 그런데 분명 반딧불이 나올 만한 곳인데 이상하게 한 마리도 찾아 볼 수 없는 게 아닌가. 밤이 깊어 어쩔 수없이 포기하고 텐트 안으로 들어가 잠을 청해야 했다.

새벽 두시 쯤 되었을까. 잠도 제대로 청하지 못한 채 이상한 예감이 있어 박선생님은 밖을 나가 보았다. 그런데 이게 웬일인가? 텐트 아래 쪽 물가에서 밝은 빛을 내는 이상한 무리들이 줄지어 **빠**른 속도로 물가 윗쪽으로 올라오는 게 금방 눈에 들어 왔다. 가까이 가 자세히 보니 바로 반딧불 애벌레 무리였다. 애벌레들이 이렇게 떼를 지어 헤엄쳐 물길을 올라 가는 것을 선생님은 난생 처음 보았다. 사진을 찍을 새도 없이 그 무리들은 텐트 있는 곳을 지나 금방 윗쪽으로 사라져 버렸다.

참으로 기이한 일이었다!

잠도 사라져 멍하니 있으며 밤을 새워야 했다.

그런데 기적 같은 일은 조금 있다 벌어졌다. 날이 밝아 아이들을 깨우고 아침 준비를 하려는데 하늘에서 별안간 장대 같은 비가 쏟아지는 게 아닌가. 잠깐새에 얼마나 많은 비가 쏟아지는지 짐을 정리할 새도 없이 도랑의 물은 금방 차 올라 텐트를 물에 잠그고 있었다. 너무 상황이 급박해져 선생님은 아이들과 짐들을 대충대충 싸메고 그 곳을 겨우 빠져 나올 수 있었다. 일단 높은 곳으로 대피하고 나서 보니 야영한 곳은 금방 물에 가득 잠겨 조금이라도 늦었으면 큰일날 뻔 했구나 하고 안도의 한숨을 내쉬었다.

그제서야 정신을 차리고 생각해 보니 어제 이후 모든 상황이 이해가 갔다. 반딧불이 하나도 안 보였던 것도, 애벌레가 떼를 지어 올라간 것도 다 이 때문이었구나 하는 것을 알게 된 것이다. 그리고 그들이 아니었다면 우리는 목숨을 부지하기가 힘들었을 거라는 것도 깨달을 수 있었다. 미물인 곤충이 인간보다도 훨씬 지혜롭다는 것을 깨닫게 한 기적과도 같은 일이었다.

ET할아버지와 두밀리 자연학교

초판 **1쇄** 발행 1997년 7월 25일
초판 **6쇄** 발행 2010년 3월 20일

펴낸이   유재현
글쓴이   채규철
다듬은이 고진
기획   안철환
마케팅   장만
디자인   메타플러스
표지 그림 김언경
본문 그림 차성건
인쇄·제본 영신사

펴낸곳   소나무
등 록   1987년 12월 12일 제2-403호
주 소   서울시 마포구 상암동 11-9
전 화   02-375-5784
팩 스   02-375-5789
전자우편 sonamoopub@empal.com

ISBN   978-89-7139-910-4   03370
값 7,000원

머리 맞대어 책을 만들고 가슴 맞대고 고향을 일굽니다 소나무
www.sonamoobook.co.kr